ダニエル・コーシャン　グラント・ウェルカー　太田美和子 訳

奇跡のスーパーマーケット

Daniel Korschun & Grant Welker

WE ARE MARKET BASKET

the story of the unlikely grassroots movement that saved a beloved business

集英社インターナショナル

奇跡のスーパーマーケット

装丁・本文デザイン
間野 成

編集協力
西端洋子

カバー写真 Photo by Suzanne Kreiter/The Boston Globe via Getty Images
表紙写真 Photo by Jim Davis/The Boston Globe via Getty Images

はじめに　――著者二人より

米国マサチューセッツ州に本拠を置くスーパーマーケット「マーケット・バスケット」の取締役会がCEOを解任したことに対して、二〇一四年の夏の初め、何千人もの人々がアーサー・T・デモーラスをマーケット・バスケットのCEOに復帰させるよう訴えてデモを行いました。その抗議運動は、やがて東海岸のいくつかの州をまたぐまでに拡大。なんと参加者は二百万人も数えるに及び、全米の大注目を集めました。

最近ではCEOの在職期間が総じて短くなっていますから、CEOの解任ニュースそれ自体は別段珍しくはありません。しかし、マーケット・バスケットで起こっていたことは、あまりにも通常の理解を超える事態で、次々に繰り広げられるドラマチックな展開も他の解任劇とは大きく異なる点でした。

（著者のひとりである）グラント・ウェルカーは、地元ローウェル・サン紙の記者。ローウェル・サン紙は名高く長い歴史を持つ新聞社ですが、ボストン・グローブ紙のような大手と比べると小規模です。けれども小規模なればこそ、融通も小回りも効く面が多々あります。この利を生かしてマーケット・バスケット事件の取材を細部にわたってすることができ、積極的に記事にしていました。

（もうひとりの著者の）ダニエル・コーシャンは経済学者で、マサチューセッツ州とニューハンプシャー州に二十年以上住んでいましたから、マーケット・バスケットのことはよく知っていましたが、この出来事に興味をひかれたのは学問的見地からでした。経済学の分野において、さまざまな学者たちが学術論文等でそれこそ何十年間も議論してきた考えの多くが、このマーケット・バスケット騒動にすべて包含されているように感じたのです。

騒動の火種が燻《くすぶ》っていた頃から、ウェルカーは取材記事、コーシャンは勤務先の大学の経営学修士コースに立ち上げた授業「企業の社会的責任」のケーススタディとして、別々にこの出来事の動向を追いました。もともと知り合いだった二人は、お互いの立場から、この出来事に関する意見交換をしていましたが、騒動が終局を迎えた二〇一四年八月中旬に出版編集者のスティーヴン・パワーに会って初めて、この出来事を共同で本にまとめようと考えるようになりました。

この出来事がなぜ起きたのか、その真相を多くの人々に伝える必要があるという二人の考えに、ニューヨーク市のオフィスからずっとこの抗議行動に注目していたパワーも賛同しました。

マーケット・バスケット騒動については連日、それこそ全米の新聞各紙や、ラジオ・テレビ各局が、経過の報道を続け、専門家の分析を通して今後の見通しを伝えることもありました。しかし、東海岸のニューイングランド中の何百万人という人々を巻き込んで広がったこの草の根運動の全容を完全にとらえ、核心に迫ったものはありませんでした。

あの出来事に納得のいく評価を示すことができれば――それが著者二人の願いですが、記者と学者の両方の視点から一冊の本を共同執筆するという試みは、読者にも新たな洞察をもたらすだろうと思います。

本書製作にあたり、マーケット・バスケットに関するあらゆる記事を探し回ることから、取材を開始しました。そして二〇一四年十二月十二日に株式の売買手続きが完了すると、肩の荷を下ろしたこの出来事の関係者が口を開いて証言をしてくれるようになりました。

まず、抗議運動の先頭に立った幹部社員たち、本編では〝八人組〟として出てくる人々に取材しました。そこから連鎖的にさまざまな部署の従業員、客、取引先の人々、さらには議員などにも広く話を聞きました。彼らが著者たちを信用してくれたことが、この本を大きく前進させたことは間違いありません。

彼らは我々のインタビューに快く応じ、自らの経験や価値ある見解を話してくれました。そして、あの出来事の核心に迫る機会をたくさん与えてくれました。

彼ら〝マーケット・バスケット一家〟と呼ぶべき人々に心から感謝します。


なお、できるだけ幅広い読者に届けるため、本書では会話調を多用しています。そのほうがマーケット・バスケットの実際の本質を映し出すと考えたからです。読者にも著者が経験したのと同じく、誰かが語った話をまたほかの誰かに語って聞かせるように、この企業の物語《ドキュメント》を体感していただければ幸いです。

ダニエル・コーシャン
グラント・ウェルカー

目次

第3章 数百万人の蜂起

第4章 戦いすんで

プロローグ

朝九時、マサチューセッツ州トゥークスベリーにあるマーケット・バスケット前の駐車場には、すでに数千人が集まっていた。

パートタイムで働く店員、トラック運転手、事務スタッフ、それに店長、本部の経営幹部など。マーケット・バスケットが人生初の職場という十代から、この会社一筋何十年のベテランまで年齢層もさまざまで、さらには彼らに交じって長年マーケット・バスケットをひいきにする顧客や、野菜や魚など商品の納入業者も大勢いた。

一か月足らずの間で抗議集会はこれが三度目だ。

会場には、トゥイステッド・シスターのヒット曲「ウィアー・ノット・ゴナ・テイク・イット（『納得いかないぜ』の意）」の替え歌「ウィアー・マーケット・バスケット」が大音量で流れ、それにホイッスルなど鳴り物の音が混じる。派手な垂れ幕をなびかせた飛行機も上空を旋回。垂れ幕には「マーケット・バスケットを救えるのはアーサー・Tだけ！　邪魔する奴らを追い出せ」という大書きが。

何台ものスクールバスを借り、ニューイングランド（註：米国北東部六州にわたる地方）中のマーケット・バスケット店から従業員たちが続々とやってくる。彼らは皆、開け放ったバスの窓から手を振り喚声を上げていた。ボストンの幹線道路である州間高速道路四九五号線は、集会場までの八kmにわたり渋滞した。

一方、マーケット・バスケットの店内はというと、にぎやかな集会場とはまったく対照的に暗く沈んでいた。ここだけでなく、このスーパーマーケット・チェーン全七十一店の農産物の棚は欠品だらけで、ほとんどのレジは閉まっていた。企業全体の九〇%以上の売上高（週当たり七千五百万ドル前後）がとうに失われている。本部の中も静まり返っていた。本部スタッフ数十人が数週間前に退職したため、彼らの席はもぬけの殻だった。この会社の中枢は事実上、休業状態だった。

ピックアップ・トラックの荷台の上に急ごしらえでつくった演説台に、マーケット・バスケットの元幹部社員、スティーヴ・ポーレンカが立った。急速に大きくなる運動を元の幹部社員たちが必死で率いていたが、その中で最も多く演説したのは彼だろう。集会に参加した多くの人々と同じく、ポーレンカはマーケット・バスケットに〝人生を捧げた〟男だ。まだ五十代だったが、社歴四十年のベテランだった。マーケット・バスケットの他の管理職や取締役がそうであるように、十代で買物客のための袋詰めや駐車場でショッピングカートを集める仕事からスタートし、少しずつ昇進した。この集会の数週間前まで、ポーレンカは営業推進スーパーバイザーだった。アシスタント・マネージャー以上の社員はネクタイを締める決まりだが、クビを言い渡されて社員ではなくなったポーレンカは今、野球帽を被りゴルフシャツを着てマイクを手にしていた。

彼は仲間うちでは無口で知られていた。この会社の大半の従業員と同じく、人目に付くことは好まない。その控えめさにも関わらず、いや、ふだん控えめだからこそと言うべきか、マイクを握ると特別な才能を発揮した。いつの間にか集会で司会を務めるようになった。

ピックアップ・トラックの荷台の上でポーレンカは、数千人のマーケット・バスケットの従業員、顧客、その他の支援者を見渡してこう言った。

「ラッパの音がしたら、オゥ！　と応じて、シュプレヒコールをあげてくれ。これまでのみんなの協力に感謝している。今回も頼むぞ。我々のリーダーを取り戻すまで、運動を続けるぜ！」

そのリーダーとは、アーサー・テレマコス・デモーラス（アーサー・T）のこと。

六年間以上、マーケット・バスケットのCEOを務め、会社を二桁の売上成長に導いた人物。四十年以上をマーケット・バスケットに捧げた彼に、従業員、幹部社員、顧客、納入業者たちは、格別な信頼を置いていた。

彼らから親しみを込めて「アーティ・ティ」、あるいはイニシャルで「ATD」と呼ばれていたアーサー・Tは、しかし、もはやCEOではなかった。この集会の数週間前に取締役会によってCEOを解任されていた。それがきっかけとなり、今まさに会社を二分する、いや米国北東部地域までをも巻き込んだ大紛争が起こっているのだった。すでにアメリカ全土にニュースは伝わり、多くの国民がその行方を固唾をのんで見守っていた。

アーサー・Tに対立する側には、株主の過半数と取締役七人のうちの五人がいた。この一派はアーサー・Tのいとこでライバル、そして株主の一人でもあるアーサー・スティーヴン・デモーラス（アーサー・S）が率いていた。アーサー・S側は、僅差の持ち株比率五〇・五％という数の力をかろうじて利用し、取締役会をコントロールして経営を抜本的に変えたいと目論んでいた。

彼らの狙いは、いわゆる「レバレッジ（借入金などで総資産を増やすこと）」の実施だった。つまり多額のお金を借りて、流動資産の余裕を増やしたうえで、三億ドルの配当を得ようと考えた。そして、その後も継続的に配当させて株主にできるだけ多くの配当金を渡すことができたあかつきには、マーケット・バスケットと同じエリアで営業するスーパーマーケット、ハナフォードの親会社であるデレーズ（世界有数の小売グループ、本社・ベルギー）に、自分たちの株式を売却するという計画だ。ひとえに資本主義の徹底であり、経済原理の追求といえる。

問題は、CEOのアーサー・Tの存在だった。〝金より人〟を尊重するアーサー・Tは、目の上のたんこぶであり、計画の大きな障害だった。

そのためアーサー・Tは追放されることになり、ほどなく新たに二人のCEOが外部から迎え入れられた。

一人は、大手スーパーマーケット・チェーンのアルバートソンズやクローガーで役員を務めたフェリシア・ソーントン女史。もう一人は、大手小売企業のシアーズやKマートの役員を経て家電店チェーンのラジオシャックでCEOを務めたジェームス・グーチ。共同CEOの座についた二人が即座にしたことは、アーサー・Tの最も忠実な部下だった幹部社員八人の解雇だった。

だが、アーサー・Tを支持するグループはあきらめなかった、従業員はもちろん、なんと顧客や取引先などの人々に至るまで。彼らは、常に自分たちに寄り添って行動してくれたアーサー・Tのために戦おうと団結した。

アーサー・Tの経営スタイルは、独自の企業文化を育てた。たとえば、従業員の福利厚生として、プロフィット・シェアリング（利益分配制度）や、毎年四桁以上の賞与、家族の介護のための有給休暇、大学へ通う従業員への奨学金などの制度を設けている。買物客には、低価格にして高品質、優れた顧客サービスを提供してきた。さらには納入業者とは、柔軟な、それでいて確実性のある取引をした。

アーサー・Tにはどうしても戻ってもらわなければ——。ただし、支持者たちが欲したのは単に彼の役職復帰ではなかった。支持者たちは、ニューイングランドになくてはならないこの企業の文化やビジネスモデルを救うための戦いなのだと思っていた。実際、マーケット・バスケットは彼らにとって単なる食料品店以上の存在だった。マーケット・バスケットは彼らにとって理想の存在であった。そして、変えてはならない、変えることができない〝暮らし方〟であった。

ポーレンカは、新CEOによって解雇された、もしくは自ら会社を去った人々（ポーレンカは〝戦死者〟と呼んだが）の名前を読み上げた。

「ジョー・ガロン、在籍四十九年」

「トム・ゴードン、在籍四十年」

「トム・トレイナー、在籍四十一年」

「ジム・マイアミス、パートタイム七年と合わせて在籍七十六年」と続けて、ここで拍手喝采のために一呼吸し、「これまで会った中で最もすばらしい紳士の一人」と言い添えた。

〝戦死者〟名簿に記されている十八人の上級管理職者の在籍年数を合計すると、七百年を超える。

そして、ポーレンカは二人の新CEOに矛先を向けた。

「ジェームス・グーチ、三週間！　フェリシア・ソーントン、三週間！」

集会参加者からあがった大ブーイングが止むのを待ってから、ポーレンカは言った。

「最悪のトレードじゃないか」


この抗議運動は大きな賭けでもあった。

何といってもマーケット・バスケットは売上高四十五億ドルの地域密着型スーパーマーケットだ。マーケット・バスケットが倒産したら、大きな影響が及んでくるはず、と地域中に不安が広がったのも無理はない。

まず、マーケット・バスケットが直接雇用する従業員二万五千人以上が路頭に迷う。

この地域の多くの消費者も困り果てるのは目に見えている。マーケット・バスケットにはマサチューセッツ州、ニューハンプシャー州、そして新たに進出したメイン州などに二百万人の買物客がいる。そして、その多くが低所得者だ。マーケット・バスケットは低価格で知られるスーパーマーケットだから、このチェーンがなくなると低所得の人々が買物に行ける店が実質的になくなるだろうと心配する人もいた。

納入業者、特に農産物や乳製品を供給する地元生産者やメーカーの経営は、マーケット・バスケットに大きく依存していた。商品のすべて、あるいは大半をマーケット・バスケットに納めている企業も少なくなかった。彼らは、頼りになる客先を失えば事業が続けられなくなるだろう。

とはいえ、従業員サイドにつく地元議員たちも日を追って増えるなど、紛争は広がりを見せるばかりで収まる気配はまったくなかった。先の見えない戦いが続いた。両者の亀裂は深すぎて、修復は困難だと多くが思った。事態が進展しても、不安は拭えなかった。

この抗争の一部始終を注視していたマサチューセッツ工科大学のトーマス・コーチャン教授は、ボストンのラジオ局WBURのウェブニュースのコラムに、幾分穏やかな表現ながら、自身の不安感を次のように記している。「この抗争は日に日に激化しており、危険な領域に達するかもしれない。過去にも、残念な結果に終わった数々の激しい労働争議があった。それらの事件を振り返ってみれば、マーケット・バスケットの抗争がたどる道筋は、控えめに見てもその方向に進んでいるように思えることが気がかりだ」と。

ハーバード大学でファミリービジネスを研究するジョン・デイヴィス教授はこう述べた。「この企業の資金が枯渇しつつあるだけでなく、納入業者は痛手を負い、従業員は無給に陥りつつある。この企業が崩壊しつつあることによって、憂うべき事態が次々と起こっている」。ボストン大学マネジメント・スクールのショーン・ウィレムズ教授は、抗争の長期化で、会社が維持できるか疑問視していた。同教授は二〇一四年七月二十九日、「この抗争は一刻も早い終結が求められる」と語った。

業界の事情に詳しいアナリストもほぼ同意見だった。「この会社の資金繰りは悲惨だ。非常に厳しい状況にある」と食品流通専門誌『グリフィン・レポート・オブ・フード・マーケティング』誌を発行するケビン・グリフィン氏。「どんなに多額の資金を蓄えていても、それが無駄に費やされている」と、マーケット・バスケットの経営陣が対策を講じなければ倒産することになると示唆した。

ニューハンプシャー州のマギー・ハッサン知事は、何らかの合意に至らなければ同州に大きな影響が及ぶことを予見していた。

マサチューセッツ州のデヴァル・パトリック知事はこの争いに介入することを最初嫌がっていたが、しかし結局、ハッサン知事と共に事態解決を手助けする役目を果たさざるを得なくなった。パトリック知事は、取締役会の両派それぞれに対し、危機を強調した忠告の手紙をしたためた。

「CEO交代に伴う混乱は収拾がつかなくなっている。この問題を解決しないと、貴社のブランドや事業が傷つくだけでなく、生計を貴社に依存する弱い立場の罪のない多くの従業員を苦しめることになる」

いったい、どうしてこのような事態になったのだろう。大半の企業では、意見の相違や足の引っ張り合いの一つや二つくらいはあるにせよ、うまく折り合いを付けながら、なんとかやっていく。しかし、周囲までも巻き込んだマーケット・バスケットの大騒動は出口が見えず、地域全体に暗い影を落とした。


前代未聞。

マーケット・バスケットの抗議運動を言い表すのに、非常によく使われる言葉だ。

退任させられたCEOを復帰させるために、労働組合員ではないパートの従業員までもが団結するなどということはこれまでに例がない。

レジ担当から店長、トラック運転手や事務所スタッフ、あらゆる階層の管理職など、幅広い従業員が一致団結して抗議したことなどもなかった。

従業員の抗議運動というワクを超え、顧客や商品供給業者までがひとつになって団結し、これだけの規模の企業をこのように長期的に休業状態に陥れたこともなかった。

ニューイングランドで最も尊敬された企業が崩壊の瀬戸際に追い込まれたとき、その将来を守ろうとした人々が立ち上がった。

それは、従業員・顧客の連合軍と株主との戦いでもあった。

「善対悪」の戦いと言う人もいた。

興味深いことに、マーケット・バスケットには、「地域社会へのサービス」「家族意識」「自主性の重視」「過去のやり方にこだわらない革新性」を特徴に持つ独特の企業文化が存在する。この独自文化が長い店の歴史のなかで引き継がれ、アーサー・Tや経営幹部から最前線の従業員にいたるまでが自然と身に着けている。この文化の伝承が企業の成功を生むと同時に、今回、前代未聞の抗議行動を引き起こす素地になった。

従業員が起こした抗議の波は大きな市民運動にまで発展し、最終的には成功裏に終結することになるが、その一連の抗議行動からは次のような特徴が見て取れた。

まず、マーケット・バスケットを救うことはニューイングランドを救うことだという強い目的意識。次に、従業員、顧客、取引先が共通して持つ家族意識と、自分たちは〝マーケット・バスケット一家〟なのだという深い思い入れ。これが抗議運動への熱烈な関与を生み出した。そして、最高の結果を目指すたゆまぬ努力。これがあったから、この運動は統制がとれていた。最後に、理論よりも経験を重んじる信念である。これをしっかり持っていたので、取締役会や学者やメディアが発する既成概念に振り回されることはなかった。

マーケット・バスケットは独特だ。だから、あの抗議行動は前代未聞で、マーケット・バスケットの件は、今後何かに範を垂れるというものではない、と我々は考えがちだ。

しかし、マーケット・バスケットに起きた出来事は、一般企業のオーナー、管理職者、従業員、そして消費者たちにも、じつに貴重な教訓を与えてくれる。

たとえば管理職者には、部下をやる気にさせるとびきり有効な方法を授けてくれる。

そして消費者の人々には、自分が持っている隠れた力を教えてくれる。それに気づけば誰もがきっとワクワクするはずだ。

そして何よりも、この抗議運動は、我々に次のことを改めて考えさせる。それは、会社はいったい誰のものであり、運営方法は誰が決めるべきなのか――ということである。

"二人のアーサー"をめぐる人物関係図

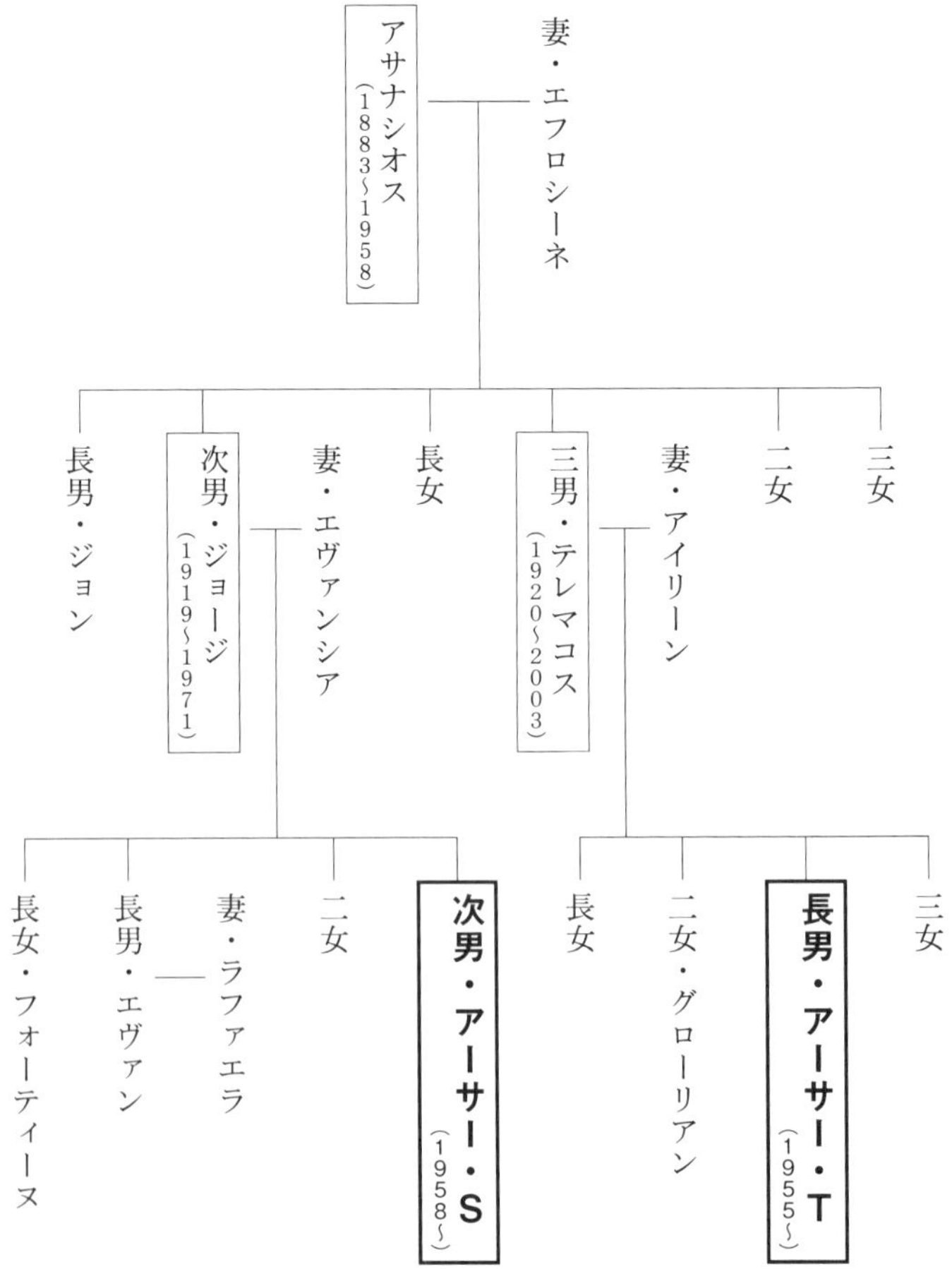

「アーティを救え!」、従業員、客、取引先が一緒になって立ち上がるという前代未聞の抗議運動が起きた。
Photo by Suzanne Kreiter/The Boston Globe via Getty Images

第1章

二人のアーサー

マサチューセッツ州チェルシーのエヴェレット通り一七〇番地にあるスーパーマーケットに、あなたが入っていくところを想像してみてほしい。そこは、ニューイングランド地域に店舗網を持つ大手スーパーマーケット・チェーンの旗艦店のひとつだ。ガラス張りの自動ドアが開くと、ショッピングカートが行きかう音や、レジ袋にシワを寄せる音が店内から聞こえてくる。店内が混み合っていることを除けば、典型的なスーパーマーケットである。

しかし、店の奥へと進むと、何かが微妙に違うことに気づき始めるだろう。売場は少し時代遅れの印象だ。白とピンクの格子柄の床は一九五〇年代風で、店内は簡素で飾り気はない。商品情報よりも価格を強調し、陳列はシンプルだ。

すべての男性従業員は白いワイシャツにネクタイを着用している。店長や各売場の売場主任は赤いジャケット、その他の従業員は青いジャケットを着ている。男性はひげを剃り、髪は襟よりも長くしない決まりだ。これについて、この店の創業者一族と近しいウィリアム・ポウリオは、旧世界の価値観を保つ社風なのだと説明した。名札には在籍年数が記されている。三十代半ばに見える従業員の中には在籍年数「二十年」の従業員もいる。ということは、彼らは十四歳か十五歳で仕事を始めたことになる。実際、そうなのだろう。

売場は老若男女、家族連れでいっぱいだ。さまざまなルーツの来店客がおり、母親が子供に母国語のスペイン語（あるいは、その他の言語）で話しかけるのをよく耳にする。

通路を進むと、納品されてすぐに売場に運ばれてきた段ボール箱をよけながら歩くことになる。この店では買物客がいる日中に商品の補充作業をする。これにはいい点がある。どの通路にも従業員がいるので、探している商品が見つからないとき、容易に尋ねられる。

レジに行くと、ほぼすべてのレジがオープンしていることに気づかされる。各レジは二人体制で、若い女性がレジを担当し、髪を短く刈り揃えた若い男性が袋詰めをするという組み合わせを最もよく見かける。他のチェーンで最近盛んに導入されている、買物客が自分で精算を行うセルフレジ機はここにはない。

CEOのアーサー・Tに言わせれば、単純に「血の通った接客をする」のがこのチェーンのやり方なのだ。

マーケット・バスケットとはこのような店である。

価格は安い、というよりも非常に安い。商品ひとつひとつを競合店と比べるとマーケット・バスケットの方が安いと誰もが口を揃える。あの抗議行動以前に、ニューハンプシャー・パブリック・ラジオが価格チェックのため、マーケット・バスケット、競合店のショーズ、ハナフォードでまったく同じ商品（同じブランドで同じ容量）十二品目を購入したことがあった。その合計金額は、ショーズでは四八・七四ドル、ハナフォードでは四〇・六〇ドルだったが、マーケット・バスケットではわずか三五・八五ドルだった。一例を挙げると、マーケット・バスケットで売られているブレヤー社のアイスクリーム（約一・九ℓ入り）の価格は、ショーズで売られている同商品の約半値だった。

マーケット・バスケットは、マサチューセッツ州、ニューハンプシャー州、メイン州の三州に、七十数店舗。個人商店の雰囲気を残した総売上高四十五億ドルのこのスーパーマーケット・チェーンで、毎週二百万人以上の人々が買物をする。

マーケット・バスケットは家族経営で、それは約百年前の創業時から変わらない。

他社が毎年何百万ドルもかけて実施する企業ブランド戦略を一切行っていないにも関わらず、マーケット・バスケットは、全国的な消費者調査では上位にランクしている。『コンシューマー・レポート』誌が二〇一二年に実施した調査では、サービス、生鮮・乳製品の品質、価格、清潔さを消費者が評価した結果、全国の五十社以上の食品小売チェーンの中で第七位。価格だけを見れば最高評価で、総合百点満点のうち八十二点を獲得した。

今日のマーケット・バスケットの企業文化は、二十世紀初頭、二人のギリシャ移民がマサチューセッツ州ローウェルに一軒の小さな食料品店を創業し、近隣の低所得者や労働者階級の人々の生活を懸命に支えた頃から形成され始めたものだ。それが約一世紀かけて〝進化〟を続け、今では独自の方法でスーパーマーケットを運営するまでになったわけだが、まずは約百年前のこの会社の創業期に立ち戻って、抗議運動にいたるまでの経緯をたどってみよう。独自の企業文化が生まれた背景もそこから見えてくるはずだ。

*

1 「こんな一家は見たことないはず」

一九一七年のマサチューセッツ州ローウェルほど、食料品店をオープンするのに難しいタイミングと場所はないだろう。ところが、マーケット・バスケットはその年に、ボストンから北へ二十五マイル（四〇km）ほどのメリマック川沿いにあるこの工業都市で創業したのだった。

ローウェルは、一八〇〇年代の終わり頃までは米国北東部屈指の先進的な都市であった。しかし、二十世紀に入った最初の二十年で状況は一変し、ローウェルの繁栄は過去のものとなった。

それまでローウェルは、比較的低コストで無尽蔵に発電できるメリマック川に依存してきた。ニューハンプシャー州とマサチューセッツ州を貫くメリマック川流域はメリマック・バレーと呼ばれ、水力発電がこの一帯を繊維産業の街に変え、数十年にわたって発展した。しかし、水力に替わる安価なエネルギー源として石炭が台頭。するとローウェルの競争上の優位性は短所に変わった。その産業基盤が柔軟性に欠けていたのだ。工場は一つ、また一つと閉鎖した。繊維メーカーは石炭を低コストで入手するため、海岸沿いに工場を移転した。

ローウェルの雇用は枯渇し、メリマック・バレー地域全体に不安が広がった。この不安感から、地域の工場労働者のストライキが多発。中でも最も有名なのは、ローウェルからさほど遠くないマサチューセッツ州ローレンス近郊で起こった「ブレッド・アンド・ローズ・ストライキ（パンとバラ争議）」である。一九一二年冬の二か月半続いたこのストライキには繊維工場の約三万人の工員が参加した。闘争は、労働時間を一週間当たり五十六時間から五十四時間に削減する法律が施行されたこの年の元旦に始まった。その法律は労働者に休息を与えることが目的であったが、企業は新たな法律を利用して給与の支給額を減らした。エヴェレット・ミル社という工場の労働者は一週間当たり〇・三二ドルの減給になった（それまでの彼らの平均週給は八・七六ドルだった）。この削減額は、工場労働者一家にとってパン四斤分に相当する。彼らは職場を放棄しデモを実施した。そして、「満額支払え！」と訴えた。

労働者は何週間にもわたりピケを張り続け、工場の機械を破壊するなどして権力と激しくぶつかった。抗議者はデモ行進で、生活に必要な最低限の賃金だけでなく、尊厳ある職場を要求する旗を掲げた。「パンを。そしてバラも」と声を上げたのだった。ジェームス・オッペンハイムの人民主義の詩「パンとバラ」を引用したものだ。

数週間の闘争を経て一九一二年三月十二日、ついに渦中の企業の一つ、アメリカン・ウールン社が労働者のすべての要求を認めた。数週間のうちに、他の大半の企業もそれにならった。それからすぐ、ニューイングランド中の工場は同じような騒動を警戒し、給与を引き上げたうえで、一週間当たりの労働時間を短縮した。米国において、このストライキは、複数の民族的背景を持つ多様な労働者が団結して労働条件の改善を求めた最初の労働争議の一つとみなされているが、職場での人としての尊厳を求め、それを勝ち取った労働運動でもあった。

労働運動と経済的な困難による混乱の最中、一人のギリシャの若者がローウェルに到着した。彼の名はアサナシオス・デモーラスといった。本書の中心人物であるアーサー・Tの祖父にあたる人物だ。ギリシャ語で「アサナシオス」とは「不死」を意味する。デモーラスの〝デモ〟はデモクラシーと同じ語源で、公共の福祉に従事する人という言外の意味がある。

アサナシオスは、オスマントルコとの戦争による混乱から逃れるためにギリシャを後にしたのだった。彼が米国に到着したのは一九〇六年三月十七日の「聖パトリックの祝日」で、当時二十三歳だった。希望に溢れていた彼は、ニューヨークの大通りで行われていた聖パトリックのためのパレードを見て、自分の到着を歓迎してくれていると思い違いしたらしいとも伝えられている。

米国で最高のスタートを切ったように思えたが、その後は移民お定まりの運命をたどった。彼は、何千人もの移民と同様に夢を抱いたが、同じように壁にぶつかった。

一八〇〇年代を通して、繊維産業の成功でローウェルには次々と労働者が流れ込んできた。ローウェル歴史学会の調べでは、当時のローウェル市民の三分の一以上は外国出身者だった。まずやってきたのはケベックの人たちだった。彼らフランス系カナダ人が流入したことで、ローウェルはリトルカナダと呼ばれたこともあったほどだ。続いてヨーロッパからの移民がやってきた。その中には二十世紀初頭にやってきたギリシャ移民も含まれていた。アサナシオス・デモーラスはギリシャ移民の中でも最後の方にローウェルにやってきた。

アサナシオスがローウェルに到着した頃には、街はギリシャの色合いが濃くなっていた。たとえば、ギリシャ正教会やギリシャ風コーヒーハウスが出現し始め、聖三位一体ギリシャ正教会の建築が始まった。ギリシャ移民の成功を促進する目的でワシントン・アクロポリス会などの組織が発足した。ローウェルでのギリシャ人の存在感は増していたが、彼らの生活は相変わらず苦しかった。ギリシャ人労働者はその勤勉さだけでなく管理しづらいことで知られていた。ビグロー・カーペット社など、ギリシャ移民を雇用しない会社もあった。なぜなら一連のストライキはギリシャ社会によって組織されたと考えられていたからだ。

アサナシオスは、メリマック川が湾曲する岸辺の街、アクレに落ち着いた。この街はローウェルの中でもギリシャ移民が急増する街だった（現在でも「ギリシャ人街」と呼ぶ人は多い）。落ち着くとすぐに、婚約者のエフロシーネ・ソーリスを呼び寄せた。彼女は故郷、メテオラで彼からの便りを待っていた。二人は一九一四年に結婚した。アサナシオスはまず、なめし革工場で靴職人の職を得たものの、まもなく工場の労働環境が原因で健康を害した。医師は工場以外で仕事を見つけるよう忠告した。

そのため、アサナシオスとエフロシーネは小さな食料品店を開店した。近所にはこのような店が多数あったので、二人は少しあか抜けた雰囲気を出したかったのだろう、デモーラスのMの字を大文字にし、店名をDeMoulas Market（デモーラス・マーケット）と名づけた。

店は、ローウェルの中心街の西の端、ダマー通りにあった。来店客の大半は、ギリシャ系の貧しい労働者で、工場に行く途中に肉や食品を買いに来た。アサナシオスは無料で食料品の配達をした。当時はツケで買物をするのは一般的だった。特に、移民が集まる街では週日にツケで買い、週末の給料日に精算するのが常だった。デモーラスの店でも大半の客がツケで買い物したので、アサナシオスは食料品店の店主であり、金貸しでもあった。ローウェルの貧しい労働者と運命を共にしているようなものだった。

デモーラス一家は懸命に、非常に懸命に働いた。店はとても狭かったが、夫婦は仕事熱心で、ラム肉の鮮度が自慢の店にしたいと思っていた。しばらくすると、エフロシーネが作るローストポーク・サンドイッチが評判になり、それを買いに労働者が立ち寄るようになった。夫婦は自分たちで家畜を解体した。需要が増えるにつれ、週に何度もよその牧畜業者から生きた豚や羊を仕入れなければならなくなった。数年後、夫婦はローウェルの隣町、ドレーカットに土地を購入した。そしてそこで、牛や豚、ヤギ、鶏やアヒルを飼育した。

一見すると、デモーラス家はアメリカンドリームをかなえようと懸命に働く典型的な一家に見える。しかし、後に起きた抗議運動のときに、マーケット・バスケットで三十三年間働く、ニューハンプシャー州ダンヴィル出身のリチャード・フィケラは、「働きぶりはもちろん、発想もケタ外れ。誰もこんな一家は見たことないはず」と語っている。

アサナシオスとエフロシーネには六人の子供がいたが、二人が早死にし、成人に成長したのは四人だった。長子は一九一五年に生まれたジョンだった。小さな食料品店をオープンした二年後に次男のジョージが生まれた。一九二〇年に生まれた三男には、ギリシャ神話のオデュッセウスの息子にちなんでテレマコスと名付けた。その名は「長期の戦士」という意味を持ち、後に彼が何年も耐え忍ぶことになる法廷闘争を予言しているかのようだ。娘のアンはその二年後の一九二二年に生まれている。

一九三〇年代の世界恐慌は、他所にもましてローウェル地域に影響を与えた。ローウェルはすでに工場の閉鎖とそれに伴う失業で大きな打撃を受けていた。店の売上は低迷したが、慈悲に溢れたアサナシオスは自分よりも恵まれない人々を助けるためにできる限りのことをした。貧しい顧客にはツケはもちろん、無料で食料品を提供することもあった。

ツケの多くが支払われず、店の現金が底をついたために、キャッシュフローが回らなくなり、創業二十年にして最大の経営危機に陥った一九三八年、夫婦の担保物件が差し押さえられた。銀行からは百ドル（現在の金額で千七百ドル相当）の返済要求が。アサナシオスは店を手伝ってくれていた三男のテレマコスに、夫婦で銀行への返済の道を見つけるから大丈夫だよと言ったものの、状況はあまりに切迫していた。そのため、テレマコスは学校をやめて、破産を食い止めるべく本格的に店の手伝いに精を出した。そして親子はなんとかお金を工面し、辛くも店舗閉鎖を免れることができた。

しかし、このことはテレマコスの心に深く刻み込まれた。危うくすべてを失いそうになったことを忘れず、その後、商いでは一時も力を抜くことはなかった。

第二次世界大戦が始まって、次男のジョージは陸軍に入隊することになるが、駐屯先のガダルカナルから、弟テレマコスの仕事熱心ぶりについてジョージは実家への手紙にこんな冗談を書いている。「テレマコスは月夜もまだ日中だと思って夜通し働きそうですから、〃一日の終わり〃を教えてやってください」。

やがて戦争が終わり、ジョージが帰還。彼には運送会社を起業する夢があり、それを実現させるつもりだった。けれども、事業を拡大するにはぜひジョージにも家業に加わってほしいとテレマコスは考えていた。地元アクレよりも郊外にビジネスチャンスがあるはずと確信していたが、彼独りの力では出店に着手することはできなかった。ちなみに長男のジョンは、早くから実家を離れて自力で酒屋やバーやカフェを経営する道に進み、家の事業には一切関わっていない。

家業に加われば家族全員のためになると説得されたジョージは、最後には折れて同意。これで事業を拡大する環境はすべて整った。

2 スーパーマーケット革命の波に乗った

二十世紀初頭の食料品などの買物は、控えめにいっても不便だった。乳製品、肉、野菜をそれぞれ別々の店舗で購入することは珍しいことではなかった。各専門店はカウンターの内側に大半の商品を置いていて、客と応対しながら品物を取り出して販売していた。

一九四〇年代から一九五〇年代にかけて、新タイプの食品小売店が誕生した。スーパーマーケットである。

スーパーマーケットは、ひとつ屋根の下に、精肉、青果、惣菜、パンなどあらゆる食料品を品ぞろえする、当時としては革新的な店舗だ。従来の食料品店ではカウンターの内側にいる店主が注文された商品を取りに行き客に手渡していたが、その食品の買物にセルフサービス方式が導入された。今日、私たちがよく知るように、大型のスペースに商品を陳列して、買物客自ら棚から商品を取り、精算レジで代金を支払う、あのやり方である。

食料品店をスーパーマーケットに転換することは、いかに勇気のいる決断であったかを今日想像することは難しい。当時の人々にとって、スーパーマーケットを作るという発想は奇抜だった。しかし、自家用車が労働者階級にも普及すると、スーパーマーケットは日常の買物をするのに適した場所になっていった。車に買物袋をいっぱい積み込むことができたので、一般家庭では買い物に行く頻度を週一回などに減らしてまとめ買いをするようになった。米国内の別の地域では、食料品店チェーンのＡ＆Ｐやクローガーがこの新しい業態に飛びつき、スーパーマーケットを出店して急成長した。

デモーラス食料品店で、スーパーマーケットが流行しつつあることに気づいたのは三男のテレマコスだった。そこには非常に大きなビジネスチャンスがあると家族の誰よりも強く感じた。当時の店舗は六百平方フィート（五六㎡）しかなく、食料品店よりも取扱う品目数が何倍も多いスーパーマーケットにはより大きな売場が必要だった。しかし、一般諸経費をまかなえるだけの数量を販売できれば、この新しいビジネスモデルは非常に利益性が高いと思った。いち早くスーパーマーケットを成功させれば、複数のスーパーマーケットをさらに出店できるかもしれない――。

アクレと隣接した地区に今もある公営住宅は戦後まもなく建てられたものだが、当時、この公営住宅の居住者は増え続けていたため、テレマコスとジョージはこの地にスーパーマーケットを出店することを決意した。一九五二年、両親から事業を一万五千ドルで買い取った後、旧店舗を閉鎖し、スーパーマーケットをオープンした。そして、一九五六年には増床し、この年の売上高は九十万ドルに達した。食料品店時代の売上高が、好いときでも年間二千ドルだったのと比べると、飛躍的な伸びだ。

最初のレジ係として雇われた十八歳のクレア・イグナシオには、初めて経験することばかりだった。まず彼女は精算レジの研修を受けなければならなかった。「レジ係は、本当に新しい仕事だったわ」と現在八十三歳のイグナシオは懐かしそうに語る。「当時のレジは釣銭の金額が表示されなかったから、自分で計算しなければならなかったのよ」。しかし、彼女にとって、それはワクワクする時間だった。何といっても革新的なものの誕生に関わったのだから。「この地域では初の大きな店舗、スーパーマーケットだった」と彼女は振り返った。

イグナシオはフランス系だったので、圧倒的にギリシャ系が多い客層になじめるか最初は不安だった。しかし、テレマコスとジョージは温かく迎え入れてくれ、彼女は次第にこの店に愛情を感じるようになった。彼女が言うには、テレマコスは「厳格で親分肌」だが、「とても心の優しい人」。ジョージは「明るくて、いつもニコニコして周囲は笑いで溢れていた」。

イグナシオは二十歳で妊娠し退職したが、その後もこの会社に関心を寄せ続けてきた。職場を去った他の従業員同様、ほとんど懐古の念に近い感謝の気持ちを今でも持っている。退職後、兄弟のどちらとも二十年以上も会うことはなかったが、一九七八年、ローウェルのブリッジ通りにあるマーケット・バスケットで偶然、テレマコスと鉢合わせた。テレマコスは彼女にすぐに気づき、近寄ってきた。長く会わなかったのに覚えてくれていたことに驚いたと彼女が言うと、「うちの最初のレジ係をどうして忘れることができる?」とテレマコスは答えた。

デモーラス兄弟にとっての次のステップは、二号店を出すことだった。

やがて彼らは新たな店を、メリマック川を渡った住宅街、セントラルヴィルにオープンした。家族経営のままで事業を大きくしていくという父アサナシオスと母エフロシーネの夢もかなった。オープニングのリボンカットは父親の手で行われた。これはアサナシオスにとって生涯最初で最後のリボンカットだったはずだ。彼は、その六か月後に七十五歳で亡くなった。

アサナシオスは、すばらしい接客をして高品質な商品を安く提供することで、ローウェルの労働者世帯に奉仕するという〝遺産〟を兄弟に受け渡した。これは、現在のマーケット・バスケットの商いにも共通する要素だ。テレマコスとジョージは、国内で最も尊敬されるスーパーマーケットを作り上げようと、並外れた粘り強さと精力を注ぎ込むとともに、この父の〝遺産〟を最大限、活用していく。

二号店以降も、テレマコスとジョージは店舗を出店し続けた。そして、その後十四年間、一年に一店舗ずつ新店を出していくことになる。

ボストン大学のジェームス・ポスト名誉教授は次のように語った。「二人の兄弟は事業を拡大し、スーパーマーケット革命の波に乗った。そして、多くの商店が閉店を余儀なくされる中、スーパーマーケットに転換し、スーパーマーケット・チェーンとしてのマーケット・バスケットを築いた」。

バート・フリッキンガーは、マーケット・バスケットが拡大していった成功要因のいくつかを語った。フリッキンガーは、ニューヨーク市にある消費財関連の主要コンサルティング会社、ストラテジック・リソース・グループの業務執行役員であり、スーパーマーケット事業について非常に詳しい人物だ。

フリッキンガーは、マーケット・バスケットの成功要因のひとつに、限られた収入で暮らす貧しい人々に奉仕するテレマコスとジョージの能力を挙げている。二十世紀初頭に繊維工場がこの地域から撤退して以降、地域の人々は三世代にわたって経済的な困難を強いられてきた。デモーラス家による経営の際立った強みのひとつは、「低価格によって消費者の生活水準をこの企業が引き上げていることである」とフリッキンガーは言う。

一九六〇年代になると、大手スーパーマーケット・チェーンはメーカーに製品陳列料を請求し始めた。たとえばユニリーバなどのメーカーがスーパーマーケットでシャンプーや洗剤などの自社商品を販売したければ、この料金を支払わなければならないということだ。製品陳列料は商品棚に商品を置くための、いわば〝場所代〟であり〝入場料〟で、最低でも一万ドル、店舗数が多ければ二十五万ドル以上になることも。製品陳列料はメーカーにとってはリスクになり、スーパーマーケットにとっては大きな利益源になる。

さて、この製品陳列料というものに対して、マーケット・バスケットはどうしたか。

ニューイングランドは食品製造業や農業が盛んな地域ではあるものの、メーカーや農場の規模は比較的小さく、製品陳列料が障壁となって、スーパーマーケット・チェーンと取引できないでいる零細の地元企業も少なくない。フリッキンガーが言うには、ストップ&ショップ、ショーズなどのスーパーマーケット・チェーンは相当な額の製品陳列料を要求しており、それを以前から知っていたジョージ・デモーラスは、マサチューセッツ州ソーガスの有名ステーキレストラン「ケンズ・ステーキハウス」で人気のドレッシングを製造販売するケンズ・サラダドレッシング社に着目した。

ケンズは非常においしい製品を製造するが、当時はまだ車のトランクに製品を積み、小さな食料品店に売り歩く状態だった。法外な製品陳列料があってはケンズとしてはスーパーマーケットに入り込む余地はなかったが、マーケット・バスケットはケンズに安く陳列できるチャンスを与えた。今やケンズは、米国で最大のサラダドレッシング・ブランドのひとつである。

ケープコッド・ポテトチップスも、地元メーカーを受け入れるマーケット・バスケットによって恩恵を受けた企業だ。ケープコッドもケンズと同じく高品質な製品を製造していたが、他のチェーンと取引できるほど十分な資金力はなかった。マーケット・バスケットはケープコッドと早くから取引を行い、全国に知られるブランドに成長するきっかけを作った。マーケット・バスケットとの取引でケンズやケープコッドは恩恵を受けたが、マーケット・バスケットにもメリットはあった。非常に低価格で高品質な商品を販売する店と評判になったのだ。そんな例は他店では見かけようもない。消費者は、大手スーパーマーケットで売っているナショナル・ブランドに高額を支払わなくても、たとえ無名でも買い得な商品をマーケット・バスケットで見つけることができた。これこそが、フリッキンガーが「マーケット・バスケットは低所得者の生活水準を引き上げた」という意味だ。

また、同様の目的で、マーケット・バスケットは高品質の精肉を売り続けた。一九八〇年代から、多くのスーパーマーケットではカット済みの肉を仕入れて販売したり、重量の約一〇％の塩分（ほぼ生理食塩水）を含む質が低い肉を販売するようになった。マーケット・バスケットはこのトレンドを断固として拒絶し、農務省格付けの上から二番目のグレード「USDAチョイス」、もしくは他の高質肉を売り続けた。それというのも一店舗当たりの販売量が非常に多いため、マーケット・バスケットは現在でも高質肉を安く販売し続けることができるのだ。十分採算が合うのだろう、地元の精肉業者はマーケット・バスケットに、ショーズやウォルマートなどの大手チェーンよりも安く卸している。

マーケット・バスケットの成功のもうひとつの要因は、店舗の立地である。他のチェーンができる限り広域に、なおかつできるだけ速く出店する一方、マーケット・バスケットはひとつの都市に集中出店することが多い。低所得者の住むエリアに複数の店舗を持つ唯一の企業になることがテレマコスの狙いだった。このやり方によって、他店との競争を避け、限られたエリアに販促費を集中することができた。

この出店戦略は、一九九〇年代に起こったハイテク・ブームで〝一二八コリドー（ボストン郊外の高速道路一二八号線沿い）〟と呼ばれるエリアが再び活気づき始めたときにも、いい効果を上げた。これまで低所得者の住宅街だったこのエリアにマーケット・バスケットは集中的に出店していたので、急成長する地域の覇権をいきなり握ることになった。さらに、マーケット・バスケットは営業する店舗物件の多くを賃貸ではなく所有していたが、これらの地域はもともと土地が非常に安かった。単位面積当たりの高い生産性と間接費用の低さが大きな利益を生んだ。

最大の成功要因を挙げれば、十分な人数の従業員がおり、きちんと商品補充されていることだとフリッキンガーは言う。競合するチェーンでは、その場しのぎに経費を削減しようとし続けている。従業員数を減らし、なおかつ従業員一人当たりの労働時間を減らすのは定石だ。そして、在庫量を減らす。だがそれは、店舗の生産性に致命的な打撃を与える。なぜなら、従業員の士気が下がると同時に、買物客は尋ねたいときに従業員が売場におらず、ほしい商品を手に入れられないため、苛立ちを募らせるからだ。大型のスーパーマーケットでは、買物客が最も多い時間帯でも開いているレジの数は四台から八台がせいぜい。

さらにひどいことに、ウォルマートなどの企業では、プロフィット・シェアリング（利益分配制度）を廃止した。これでは、達成したい目標から従業員を、ひいては企業をより遠ざけることになる。

マーケット・バスケットはこれとはまったく異なる企業哲学を持っている。

フリッキンガーの説明によると、「競合チェーンが労働力を〈費用〉とみているのに対し、マーケット・バスケットは店舗の従業員と顧客サービスを〈投資〉と考えている」のだと。だから、店が非常に混雑していても、買物客は落ち着いたものだ。すぐに全レジが開き、惣菜カウンターでは急いで注文を聞いてくれ、野菜はすぐに補充される。

マーケット・バスケットのビジネスモデルがいかに強いかを伝えるために、フリッキンガーはスーパーマーケット・チェーンのストップ&ショップの最近の事例を挙げた。

ストップ&ショップは、同じスーパーマーケット業を営むピュリティ・スプリームを企業買収し、さらにA&Pの一部の店舗を買収した。そして、マサチューセッツ州のケープコッドの市場を独占した。しかし、マーケット・バスケットがケープコッドの岬のつけ根にある町、ボーンに出店すると、その市場支配力は弱まった。マーケット・バスケットの新店はすぐに大評判になった。出店した月の週ごとの売上高は三百万ドルを記録した。これはマーケット・バスケットの店舗中でも上位の売上で、米国の業界平均をはるかに上回る。顧客は熱狂し、数マイル先からも買物にやってきた。

とはいえ、マーケット・バスケットの経営に穴がまったくなかったわけではない。「テレマコスとジョージは常に〝すべての店を自社開発することへの固執〟があった」とフリッキンガーは指摘する。スーパーマーケットが建つ土地を所有することは、確かに財務上は有利になる。しかし、「競合の参入を許す可能性がある。これが戦略的な盲点だ」。

過去数十年の間にブラッドリー、カルドーなどの競合企業が倒産したが、マーケット・バスケットがそれらの撤退物件の購入を検討することはなかった。これら店舗を積極的に取得していれば、ターゲットやウォルマートなどのライバル店舗の進出を食い止めることができたかもしれない。そうすれば、競争環境はこれほどまでに厳しくならなかったであろう。

いずれにせよ、マーケット・バスケットはどのような基準に照らしてみても、これまでも、そして現在も、非常に成功したベンチャーであることは確かだと言える。

デモーラス家にはもうひとつ有利な点があった。それは、この地域での長い歴史である。アクレの食料品店で息子がいる家族がほかにもあったが、両親の店を息子が継いだのはデモーラス家の兄弟だけだった。そして、地元で生き残った唯一の食料品店となった。テレマコスは、成功とは継続であると語っている。継続とは何十年にもわたって鍛え続けた強い絆によってもたらされるものであろう。

熟練した管理職者を探すのにも近所との結びつきが役立った。二人のうちより社交的な兄のジョージは、ローウェルの聖三位一体ギリシャ正教会の信徒代表を務めるなど、ギリシャ系社会での活動に積極的に参加した。そこで知り合った人の中には、店の従業員になった者もいれば、会計、金融、商品調達などの仕事を請け負った者もいた。

次のようなタイタス・プロマライティスの逸話は、デモーラス家と地元住民との深い交流を示している。

プロマライティスは現在八十五歳。指圧師を引退し、ニューハンプシャー州ペルハム近郊に住んでいるが、若い頃、デモーラス兄弟のスーパーマーケットに鶏を届けていた。彼は十二歳からローウェルのジョンソン通りにあった実家の農場で毎週金曜日に鶏の皮をはぐのを手伝った。土曜日、彼は両手にビニール袋を持ち、当時は閑静だったポータケットヴィルのヴァーナム通りからバスに乗り、メリマック川を渡り、ローウェルの中心街に行った。

袋の中の鶏は、いつものように一週間前に予約が入っていたものだ。プロマライティスは市役所前でバスを降り、ダマー通りにある店との中間地点でテレマコスと落ち合った。テレマコスは秤で鶏の重さを量り重量を紙に記した。そして、プロマライティスが父親に持ち帰れるようにその紙を大事に手渡した。彼の父親はギリシャ移民で英語を解さなかったから、紙に書かれた重量分の代金をデモーラス兄弟の店に毎週月曜日、集金に行った。

プロマライティスはテレマコスと年齢は離れていたが、近しい友人になった。一九四〇年代、プロマライティスは、なんと、伝説といわれるほど強かったローウェル高校フットボールチームの花形ランニングバックになるのだが、テレマコスは、従業員のジム・マイアミスと連れだって、よく彼の試合を見に行った。何年間もテレマコスと近しい関係を続けたプロマライティスは、二〇一二年に五百三十九ページもある自伝を執筆した際、二人の友情について一章設けたほどだ。「兄のような存在だった。とても親切な兄だった」とプロマライティスは言っている。

プロマライティスは今でもマーケット・バスケットでしか買物をしない。テレマコスがまだ店で働いていた頃、「僕が店に行くと必ず、彼はすぐに僕の所へ来てハグしたんだ」。

プロマライティスは一九七五年にフロリダ州パームビーチの浜辺でテレマコスと偶然会ったことがある。プロマライティスはフロリダ州主催の指圧師試験を受験しに来ていて、テレマコスは娘と休暇で滞在していた。

二人はダマー通りのことやフットボールの試合のことなど昔話で盛り上がった。「君は鶏二袋を運ぶよりもずっと速くボールを運んだよね」。テレマコスがそのとき言った言葉をプロマライティスは今でも覚えている。

数十年後、プロマライティスは自伝を書くために記憶を整理し始め、パームビーチでの遭遇を思い出した。テレマコスには娘が二人いたが、あの日ビーチで会ったのはどちらの娘だったか思い出せなかった。そこで、電話帳で見つけた唯一の「デモーラス」姓に電話をかけた。それはテレマコスの息子のアーサー・Tの家だった。

アーサー・Tは、プロマライティスが残した留守電に折り返しの電話をくれたばかりか、トゥークスベリーにある巨大な倉庫を見せてくれ、パームビーチであの日プロマライティスと会ったテレマコスの娘、グローリアンと会えるよう手配してくれた。グローリアンはアーサー・Tの姉にあたる。心のこもった親切な応対に、テレマコスとアーサー・Tはまさしく親子だとプロマライティスはそのとき感じた。

「私は本当に他の店では買物しないんだ」とプロマライティス。アーサー・Tについては「彼は最高だ。あれ以上の人はいない」と語った。

この企業の拡大を最初から今日まで見てきた人がいる。それは、現在、ローウェルの隣町、ケルムズフォードに住んでいるウィリアム・ポウリオという男性だ。ポウリオは第二次大戦のバルジ戦で戦い、その勇姿によってフランスで最も栄誉な賞のひとつであるレジオンドヌールを受賞した。現在九十二歳の彼はローウェルで育ち、小さな頃からデモーラス一家を知っていた。彼の父親は元の食料品店、デモーラス・マーケットでよく買物をしたものだった。現在では彼のひ孫たちがマーケット・バスケットのひいき客だ。

彼の深い青い目は記憶力のよさを物語っている。何十年も前のことでも昨日のように思い浮かぶ。彼は、デモーラス一家との多くの思い出話を語った。

ポウリオはインタビューには慣れている。あの騒動が起きて、マーケット・バスケットの話を聞きに、彼の自宅には数えきれないほどのジャーナリストがやってきたからだ。

デモーラス一家との友情について尋ねると、その関係は友情以上であるとポウリオは言った。近親者のようにいつも感じていたと。ポウリオ家に何かが起きると、デモーラス家がお金を貸すなど常に手を差し伸べてくれたそうだ。

大家族を重んじるポウリオの最も好きな思い出は、何年間にもわたってほぼ毎土曜日、テレマコス一家と一緒に楽しく朝食をとっていたことだ。またポウリオの父親は、商人としてのテレマコスの腕を買っており、「ラム肉を買うときに自分の好み通りにカットしてくれるのはテレマコス以外にはいない」と断言していたが、ポウリオも同感だった。

テレマコスとその家族には、ポウリオはすべてにおいて信頼を寄せていたというが、それには子供時代のこんな忘れがたい思い出も影響しているようだ。ビルやウィリーの愛称で呼ばれていたポウリオがおそらく十歳か十一歳ぐらいだった頃、デモーラス・マーケットの棚からオレンジを盗もうとしたことがあった。テレマコス自身も子供だったが、ポウリオの手癖の悪さを叱った。そのとき、テレマコスの父親のアサナシオスおじいちゃんがやってきて、孫を甘やかすようにこう言った。「ビルに味見させてやってくれ、テレマコス」。話を聞いていると、自分はデモーラス家の子供だとポウリオが思うのも納得できる。

長じてポウリオは通っていた教会の信徒代表となるが、その教会は、テレマコスの慈悲深さに何度も助けられた。たとえば、ポウリオは教会の塗装をしたいので援助してほしいとテレマコスに頼んだことがあった。テレマコスは依頼されたことを完璧に果たそうと、細かく内容を尋ねた。最終的に、テレマコスは、塗装だけでなく、床にカーペットを敷き、イコンを修復し、ギリシャ正教でキリストの聖体を意味する碑文を刺繍した布を寄付した。そして、ポウリオに気を遣わせないためだったのだろう、友人だから特別に扱っているわけじゃないよと示すため、同じように寄付をした教会のリストをポウリオに見せた。

このポウリオの話でもわかるとおり、テレマコスは地域社会の柱であり、地域における代表的な博愛主義者のひとりだった。父親に倣って慈善活動に熱心で、目の不自由な人へのチャリティから大学生の奨学金まで、地元のために数百万ドルを寄付した。テレマコスはこの地域の活性化に役立つ新しいスーパーマーケットを建て、地域のインフラをよくするために自身のお金をつぎこむことでも知られていた。「これは、他の地域では自治体が行うべき実のある投資だ。振り返れば、彼の貢献は枚挙にいとまがない」と、ローウェル地域交通局の局長、ロバート・ケンレディはアソシエーテッド・プレス紙に語っている。

このような献身の姿勢は、従業員にも向けられた。

ポウリオがテレマコスの事務所にいたときのこと。ひとりの従業員がやってきた。その従業員は、娘ががんと診断され、ボストンの病院で手術があるため、数日の休みが欲しいんですと願い出た。テレマコスは即座に必要なだけ休むようにと答えた。そして、机の引き出しを開け、小切手を書き、彼に渡してこう言った。「もっと必要になったら、知らせてくれ」と。従業員を大事にしなければ事業は効果的に機能しないと、テレマコスはポウリオに事あるごとに言っていたという。

ポウリオによると、デモーラス家の、人と人の繋がりをことのほか大切にする意識は、次のようなギリシャにおける昔からの言い伝えが身についていることに因るのだと。

「あなたが家族の一員なら、家族の全員があなたを大切にしてくれる。

何か問題があれば、彼らは助けてくれる。

祭日にはご馳走してくれる。

彼らのために尽くせば、自宅に招いてくれる。」

その古き良きギリシャを、デモーラス家は会社に持ち込んだ。「何事も、まず愛情と尊敬があってこそ」とポウリオは言う。

テレマコスについては、息子のアーサー・Tにも想い出がある。父テレマコスはいつも腕まくりをして、商品の陳列を直したり、新任の青果売場の副主任に秘訣を教えたりするのが大好きだったという。「父には娯楽の時間はあまりなかった。テニスもゴルフもしなかった」と、アーサー・Tは地元有力紙、ボストン・グローブ紙にかつてそう語っている。「父は、仕事と家族一筋だった。顧客の声をよく聞き、苦労して成功したことで尊敬を集めていた。主婦たちが店にやってくると『こんにちは』、帰るときには『ありがとう』と必ず声をかける。同時に、きれいで管理の行き届いた店であることを常に重視していた。彼は商人の中の商人だった」。

マーケット・バスケットは、テレマコスとその妻アイリーン、そしてジョージと妻のエヴァンシアが所有していた。二組の夫婦は株式を半分ずつ所有していた。テレマコスとジョージの兄弟仲はとても良く、最も近しい家族だった。二人ともギリシャ系アメリカ人と結婚し、事業が急成長する中、子供を四人ずつもうけた。テレマコスとアイリーンには三人の娘と一人の息子が、ジョージとエヴァンシアには二人の息子と二人の娘がいた。

兄弟は、生まれた息子に共にアーサーと名付けた（テレマコスは長男に、ジョージは次男に）。「アーサー」とは、彼らの父親（赤ん坊にとっては祖父にあたる）アサナシオスの米国での名前だ。両家族の子供たちはローウェル、ドレーカット、後にはアンドーヴァーの街で仲よく遊びながら大きくなった。

一九六四年には、血筋が心臓病の家系であることを心配して、兄弟は一緒に遺書を書き、署名した。もしもどちらかが亡くなった場合、その相続財産の遺言執行者に生存している方がなり、残された家族の面倒をみるという内容であった。

あまりの親密ぶりに、もしも兄弟の調和が崩れるとすれば、彼らがコントロールできないことが起こった時しかないねと、周囲の人々は微笑ましく冗談を言い合ったものだった。

それから約七年後の一九七一年のこと、意外にも早く遺言書が発効する事態が起きた。

家族と共にギリシャを休暇で訪れていたジョージが、六月二十七日の日曜日の朝、ホテルの部屋で心臓麻痺を起して亡くなっているところを妻エヴァンシアによって発見されたのだ。前日の夜には、夕食の後、ジョージは末の息子と二人連れだって、アテネの繁華街の屋上バーにギリシャ音楽を聴きに出かけていたほどで、それまではまったくの健康体に見えたというのに……まだ五十一歳の若さだった。

テレマコスはジョージの通夜の間じゅう、エヴァンシアを慰めながらその横に十時間立ち続けた。その後の数か月間は、毎日、エヴァンシアたちの家に様子を見に行った。ジョージの子供たちを自分の子供同様に扱い、マーケット・バスケットでのアルバイトを与えるなど、できるだけのことをした。

兄であり、仕事のパートナーであり、親友だったジョージを失った後、テレマコスは先頭を切って前以上に仕事に励んだ。

だが、ある親族は後にこう言った。ジョージの死は「一族の力関係に微妙な隙間」を生んだと。岩から染み出たわずかな水滴がやがて一本の川を成していくように、その隙間が軋轢を生み、競争を生み、そうして後に今回の大騒動まで繋がっていくことになるのだが、そのときのテレマコスはまだ、この先に起きることなど知る由もなかった。

ジョージの死後、テレマコスは急拡大路線に舵を取り、会社は成長軌道を歩み始めた。実際、マーケット・バスケットはその後の三十年間、事業の拡大を続け、一年に一店舗以上のペースで新規出店を行っていくことになる。

テレマコスは、先頭に立って拡大する会社を率いつつ、ジョージの四人の子供が三十歳になるまでそれぞれ毎年二万五千ドルずつ受け取れる信託の手続きをした。加えて、毎月、ジョージの妻の口座に一万ドルを振り込み、子供たちにも小さなときは毎月数百ドルずつ、大人になってからは五千ドルずつを渡した。合計すると今日の価値で年間二十五万ドル以上の額になる。また、ジョージの妻とその子供たちはマーケット・バスケットの株式を所有しており、その配当も支払われた。

テレマコスは姪や甥のぜいたくな生活に多額を支出した。彼らは地中海やカリブ海へ何度も旅行した。ジョージの長男のエヴァンはヨーロッパでF1ドライバーとなり、コルベット、ポルシェ、BMWなどを何台も所有した。マーケット・バスケットで青果部の副部長のポストについていた次男、アーサー・Sもフェラーリのコレクションを持っていた。長女のフォーティーヌには、テレマコスはボストンのバックベイ近郊に二戸のコンドミニアムを合計六十三万一千ドルで買い与えた。フォーティーヌが画廊を開きたがったときには、弁護士と会計士を紹介した。

それもこれも商売がうまくいっているからこそ、お金を潤沢に動かせるというもの。会社のさらなる安定を目指したテレマコスは、以前から別会社設立の必要性を痛感していたので、それを実行に移すことにした。というのも、ニューハンプシャー州では、酒類免許法により一社あたりの販売額を制限していたからだ。もう一社設立すれば、二倍の酒類を販売することができる。ところが、ジョージ遺族たちは、そういう受け取り方をしなかった。

別会社設立の主要目的は、酒類免許法をくぐり抜けるためではなく、会社でのジョージ遺族たちの持ち分を減らすためだと主張した。

両者の見解の相違が言い争いになり、一九九〇年、ついにジョージ遺族たちは、テレマコスが自分たちの株の所有権を奪ったと裁判所に訴えを起こした。

その裁判沙汰は大々的に報道された。それは、公衆の面前で繰り広げられた数億ドルを争点にした家族間の論争だった。金額でいえば、マサチューセッツ州始まって以来の最も大きな訴訟のひとつだった。

ボストン・グローブ紙に載った記事に裁判の様子が書かれているが、マサチューセッツ州中の有力な弁護士が総動員されたとある。しかも長引く裁判に、同紙は『弁護士完全雇用法』とあだ名をつけて皮肉った。

テレマコスにとっては笑い事ではなかった。その民事訴訟の答弁書の作成をはじめ多数の資料の準備や、弁護士チームとの話し合いなどに何年も要した。テレマコスの社長時代で最も困難な時期は、一九九〇年代であったといえる。相次ぐ法廷論争に力を削がれ、飛躍的な成長期の汚点となった。

何年にもわたり、デモーラス一族は法廷論争から法廷論争へと引き回されたが、一九九四年五月、両者の法廷論争の中で最も重要な裁判が結審した。マリア・ロペス裁判官が下した判決は、アーサー・Sとその家族に会社株式の五〇・五％を与えるというもので、これは、ジョージ遺族に有利な判決であった。

このとき七十三歳のテレマコスは、結審の法廷には姿を見せず、テレマコス側の弁護士の一人が仕事による欠席と述べた。後日、ある従業員が、その日テレマコスは「青果売場でオレンジを並べていた」と取材に答えている。

その後も小さな裁判は数年にわたり続いた。悲しいことに、ジョージの長男エヴァンが一九九三年にモントリオールで交通事故により亡くなった辛い出来事でさえ、両者の亀裂を埋めることはできなかった。エヴァンはまだ三十八歳で、エヴァンの妻のラファエラは初めての子供を身ごもっていた。けれども、ジョージ側の弁護士がテレマコス側の家族や友人に葬儀には参列しないように連絡をしてきた。ジョージやテレマコスの長兄であるジョンも参列を拒否された。断ち切られた家族の絆は二度と戻ることはなかった。

二〇〇三年、テレマコスが病気になり、すぐに合併症を引き起こした。マサチューセッツ総合病院に入院したが、まもなく亡くなった。八十二歳だった。ボストン・グローブ紙の死亡記事には「スーパーマーケット界の巨人、テレマコス・デモーラス」と記された。

ギリシャ正教会で行われた葬儀には千人ほどの人々が参列した。さらに、外には数百人の人々が教会に入るために二時間近く列に並んだ。教会と関わりのあるヘレニック・アメリカン・アカデミーの百人ほどの生徒が星条旗とギリシャ国旗を振り、葬列を見送った。テレマコスは長年、この教会と学園を援助してきていて、毎週日曜日にはたいてい一人で礼拝に訪れていたのだった。テレマコスの死は、マーケット・バスケットの成長の第一章の終わりであり、また、それは、二つのまったく異なる経営哲学が戦うことになる新たな章の幕開けでもあった。

企業は誰に奉仕すべきものか――。

このテーマに対して、テレマコスの息子のアーサー・T・デモーラスと、ジョージの息子のアーサー・S・デモーラスの考えはまったくの対局にあった。

正反対のポリシーを掲げて火花を散らし合ったまま、いとこ同士の対抗心は、こうしてあの大騒動へとつながっていくことになる。

3 「若者よ、商売を学べ」

二〇一四年の夏に起きて全米の耳目を集めたあの〝抗議運動〟は、アーサー・Tとアーサー・Sが長年マーケット・バスケットの支配を争った戦いの頂点だった。

その争いの本質は、金銭的争いではなく、家庭争議ですらない。

会社は誰に奉仕する存在なのか。

この認識の違いを巡る二人の大いなる戦いだった。

アーサー・Tは何よりも接客、従業員、取引先が優先と考える。経営者の役割は、企業の文化を育み、顧客や従業員や取引先のためになる行為の実行に勤しむことだ。それがうまく実践されれば、結果として、株主にも恩恵があるのだ。

一方、アーサー・Sは株主の利益が最優先と考える。経営者の重要な責任は株主利益を最大化することだ。とにかく株主に対してより大きい配当を目指すことこそが正しいのだ。

二つの考えは根本的に異なり、うまく共存はし得ない。

アーサー・Tとアーサー・Sはそれぞれ、どこでどのようにこうした考えを持つようになったのだろう。答えの少なくとも一部は、彼らの人間形成の時期にあたる一九七〇年代から一九九〇年代に見出すことができる。

アーサー・Tは一九五五年に、子供四人のうちの唯一の男の子として生まれ、祖父（アサナシオス＝アーサー）の名がつけられた。彼の幼少期には、父親のテレマコスと伯父のジョージが共同であたっていた事業は、すでにスーパーマーケット十数店舗を持つまでに成長しており、デモーラス一族は、ローウェルではかなり有名だった。アーサー・Tは両親や祖父母と違い、裕福な家庭に育った。

アーサー・Tが高校生の頃、一家はアンドーヴァーに引っ越し、アーサー・Tはアンドーヴァー高校に通った。ただ、アンドーヴァー高校の生徒の大半はアーサー・Tの家族がどれだけ裕福かを知らなかった。アーサー・Tも自分から金持ちだと自慢することはなかった。

ある年の冬。アーサー・Tの家でパーティが開かれたとき、招かれたアーサー・Tの一年後輩の女の子パティ・ヒーリーオズボーンは、降り始めた雪を解かすためにアーサー・Tが邸内の車道に埋め込まれたヒーターのスイッチをさりげなく入れたのを目撃する。ヒーリーオズボーンは我々にこう話した。「それで初めて、このどこにでもいそうな彼が金持ちの出だと知ったの。それがなければ、わからなかったわ」。

アーサー・Tはアンドーヴァー高校時代、スポーツで活躍。フットボール、ホッケー、陸上競技に熱心に取り組んだ。小柄ながらアメリカンフットボールで活躍できたのは、持ち前の粘り強さの賜物だった。最終学年（一九七二～一九七三年）、アーサー・Tはメリマック・バレー対戦リーグで最も優れたランニングバックの一人だった（偶然にも、ジョージ伯父さんの長男で同い年のいとこエヴァンは、ドレーカット高校でトップのランニングバックだった）。アーサー・Tはその年、通算二百七十七ヤードを走り、レシービングヤードは七十八ヤードで、二度のタッチダウンを決めた。チームの勝敗は八勝一敗で、歴代のアンドーヴァー高校のアメリカンフットボール・チームのうち最高の成績を収めた。

興味深いことに、この年のチームメート二人は、後にアーサー・Tのために大勢の人々が抗議運動を起こしたことは少しも不思議ではないと言った。アーサー・Tが高校時代に「ゴールデン・ウォリアア」でチームメートに示したのと同じように、後年マーケット・バスケットでも仲間に敬意を表したはずだからだ。クオーターバックだったスコット・シーロはこう振り返った。「オフシーズンにあんなに練習する奴はいなかったし、あれほど勇敢でいいチームメートもいなかった。チームが強かったのは奴のおかげだ。アーサーは人間としてもフットボール選手としても最高だよ」。

ディフェンシブ・ラインマンだったレイ・ピザロもこう言った。「彼の特徴は何といっても親切なこと。周囲に信頼と安心感を与えるんだ」。

アーサー・Tはまだ小さい少年の頃から、オレンジの袋詰めや、鶏の骨取り、商品の陳列など、実家の食料品店の種々雑多の仕事をした。そして、商売を学ぶことに徐々に熱心になっていった。自分の父親が、小さいながらも会社を起こし、企業文化を作り上げた。そのことをアーサー・Tは大切に思い、すでに強い愛社精神を抱いていた。その伝統を引き継ぎ、その企業文化に自分も貢献したいと思った。

父テレマコスは息子が商売に関心を寄せていることを喜び、彼を励ましはしたが、テレマコスの性格上、甘い態度は一切取らなかった。「商売を学びたいだって？　それなら一番下からスタートすることだ」などと常に厳しく接した。

その言葉どおり、十代でアーサー・Tが本格的に店の業務に携わるようになったとき、まずあてがわれたのは、商品倉庫でトレーラーから荷下ろしをする現場だった。その後、店のレジでの袋詰め係、そして、やっと売場の一部を受け持たせてもらえるようになった。

社長の息子がそれらの職場に溶け込むことは簡単なことではなかったが、アーサー・Tは、みんなの手本になるような働き手であろうと努力し、かつ本物の商人になるため仕事に集中した。現在もあまり変わりがないが仕事はキツいものだった。しかし、父親からいたわりの言葉はなかった。ただ、「商売を学べ」とはっぱをかけられるだけだった。

アーサー・Tの仕事ぶりは高校生になると著しい成長をみせ、この頃には会社の後継者になるべく仕込まれるようになった。ただ、アーサー・Tはそれを当然だとは思っていなかったようだ。「アーティは夏休みにも遊びまわることはなかった。学校の勉強のかたわら家業を学ぶために懸命に働いていた。ベンツを運転することも、運転手付きの車に乗ることもなかった。僕らと同じ普通の若者だった」と、昔の高校仲間は口をそろえる。

一九七四年に高校を卒業し、そのわずか一年後には取締役になったが、それにおごることはなかった。家業に対する真の愛情は変わらなかった。

アーサー・Tが一般の経営者と異なる考えをするようになったのは、CEOの息子が一番下の平社員として働くということは通常あまりないにもかかわらず、早いうちから現場での下積みを経験していたからに違いない。

ある日は取締役として会議で議案について論議し、次の日には惣菜売場で接客をする。そんな日常はアーサー・Tにとって少しも変わったことではないのだ。こうしたことで現実に即した考えを持てるだけでなく、経営幹部の意思決定が各従業員やお客様の買物にどんな影響を及ぼすかを、現場で直に知ることができただろう。

意思決定と現場を結びつけて考えること――それは今や、彼の経営手法の特徴になっている。アーサー・Tが取締役になると、父テレマコスは自分の経営スタイルの幾つかを息子に叩き込んだ。テレマコスはアーサー・Tに対して、噂や伝聞でなく、従業員個々の行いに基づき従業員一人ひとりを評価するようにと説いた。その人を知るには、座って話し合い、「この人物は正直で誠実か」と自身に問うのがいちばんだとテレマコスがアーサー・Tにアドバイスしていたことを、一家と親しいウィリアム・ポウリオは記憶している。

テレマコスは、屈強さと独立心も息子に引き続き教え込んだ。自分で判断し、自分で問題解決する力をアーサー・Tに身につけさせたかったからだ。ポウリオの話では、アーサー・Tが自分で処理できる問題については、テレマコスがアーサー・Tの相談に乗ることはなかった。「話は聞きたくない。自分で解決しろ。責任者が問題を解決するんだ。それがボスのやるべきことだ」と説教した。ポウリオによると、テレマコスは「経費を使いすぎるな」とも指導していたという。「効率重視がマーケット・バスケットにとって最も重要だ」。

アーサー・Tは会社内で昇進を続け、二〇〇八年には社長兼CEOとなり、全面的な管理責任を負うことになっていく。

二〇一四年に沸き起こった例の抗議運動よりずっと前から、アーサー・Tは思いやりがあり、気さくな経営者だという評判を得ていた。客の買物袋を車に積み込むのを手助けすることはよく知られているし、従業員や顧客の間には、彼が慈善活動を通して恵まれない人々を支援した事例の数々も広く伝わっている。

急病の医療費が発生した従業員の支払いを援助することもよくある。家族が亡くなった従業員がいれば、アーサー・Tは必ず葬儀に参列する。マーケット・バスケットの従業員誰もが、困ったときにアーサー・Tに助けられた経験を持っていると思えるほどだ。

アーサー・Tは、人間関係を築く卓越した技術を持っている。この技術が最も顕著に発揮されるのは一対一の会話のときだ。アーサー・Tは聞き上手で話を注意深く聞く。従業員や顧客が言うには、彼は人の顔や名前をほとんど忘れたことがない。一度会ったら、次の時、たとえば店の中で偶然再会したなら、本人を名前で呼ぶだけでなく、その家族の名前まで覚えていて、娘や息子の学校での様子や親の容体について尋ねるといった具合だ。

あの抗議運動が大注目を浴びたことで、新聞やテレビ局は話に尾ひれを付けて、アーサー・Tを心優しいスーパーヒーローに仕立て上げた。報道内容は概ね非常に好意的だが、過度に単純化されたきらいがないわけではない。ボストン大学のジェームス・ポスト名誉教授も、「報道の多くは、明らかに美化し過ぎだ」と。しかし、このようなイメージの一部は、崇高でより大きな目標の象徴になったがために彼に押し付けられたもので、彼へのむやみな称賛はその〝投影〟だと説明する。

アーサー・Tに関する逸話は、彼の素顔の一面を表しているのは間違いないが、彼の人物像全体、中でも管理職者としての特性を十分に伝えているとは言えない。

過去数年にわたるアーサー・Tについての一面的な報道に、側近のウィリアム・マースデンは、他の従業員と同じくいささか啞然としている。「彼がいい人だという報道しか耳にしない」とマースデンは言う。もちろんアーサー・Tは会社や従業員のことを第一に考える「いい人」で、それにはマースデンも全く異論はない。ただし、アーサー・Tの経営術に目を向けないことにマースデンはいらだっている。「彼は大変魅力的な人だけれど、誤解してはいけない。とてもスキのない上司でもある。怒るときもある。いつ何どきでも感じがいいわけではない」とマースデンは言う。

テレマコスの〝右腕〟だったマースデンは一九五七年に入社。アーサー・Tの成長をそれこそ幼児の頃から見守ってきた。経験豊かな彼は現在も、アーサー・Tが最も信頼する相談相手のひとりだ。

マースデンは社内で皆に尊敬されていて、ほとんど誰もが彼を「ビル」ではなく、「マースデンさん」と呼ぶ。多くの幹部社員がマースデンを指導者と仰ぎ、彼のアドバイスに感謝している。マースデンは、彼らが聞きたくないことを指摘し、先入観に向き合わせ、よりよい決定をさせようとするだけなのだが、幹部社員たちはマースデンからほとんどすべてを学んだと口にする。

さて、マースデンも指摘しているように、アーサー・Tは「手ごわい」人物でもある。彼は何事も「こつこつ調べて、正確な事実を探り当てる」。アーサー・Tに何かを提案する際に十分な準備をしなかった人々は、特に戸惑う羽目になる。

経営幹部の意思決定が最終的にいかに消費者個人に影響を与えるかを思い描きたい――それがアーサー・Tの欲していることであり、明確な特徴だと従業員たちは口にする。そしてアーサー・Tにはそれを具現化できる超人的な能力があるとみんな思っている。

その証拠に、従業員から提案を受けたときや、百万ドル規模の新しい取引を行うかどうかなどを判断するとき、アーサー・Tの質問は事細かなことに及ぶことが多い。考えが抽象的すぎていないかを彼は常に確認しようとする。

　例を挙げると、新店の用地を選ぶとき、他の経営者ならば地域の人口を確認して獲得できる収益を見積もるだろう。そして、店舗の開店や運営にかかる費用に対して十分な収益が得られるかを分析するだろう。詮索好きの経営者ならば、地域の消費者の収入レベルや競合企業がどこかを尋ねるかもしれない。ここで多くのトップレベルの経営者は分析を終え、現実との差を埋める努力を部下に委ねるだろう。一方、アーサー・Tは細部にこだわる。さらに深掘りをする。たとえば、「四四号線を東方向に運転して来店する客はどの高速出口を使う？」と質問するだろう。アーサー・Tと幹部チームにとっての真の仕事は、何百万ドルの意思決定と売り場で買物をしてくれる一人ひとりのお客様との関連性を正確に見定めることである。

　スーパーマーケットには流動的な要素が多い。数えきれないほどの商品があり、それぞれが数百社の仕入先から納品される。それらを複数の売場で数十人の従業員が、決められた時間内に納品作業する。そして、数百万人の買物客がほしいときにいつでも購入できるように商品棚の所定の位置に並べる。ウィリアム・マースデンは「我々の仕事は本来複雑なものだ。できるだけ複雑にならないようにしているが、単純化するわけにはいかない」と説明する。しかし、このような煩雑な作業を繰り返すと、些末に気を取られて重要なことを忘れそうになるのが常だ。そこで、マーケット・バスケットでは、社の大きな決断がいかに一人ひとりの買物客に影響を与えるかという点に注意を払うことも、従業員各自に習慣づけさせている。なかなか難しいことで、業務の集中とのバランスを取るのは容易ではないが、「だからこそ知恵を絞れ」というのがアーサー・

Tの求めだ。実際、うまくバランスがとれるようになると、どうでもいいことに拘泥しなくなったり、作業の複雑さが緩和され効率化できるなど、よい結果につながることが多い。

アーサー・Tは両親のいいところを受け継いだとマースデンは言う。

母親のアイリーンからは、思慮深さを受け継いだ。アイリーンは、「親切で誠実」で、「家族の一員のように感じさせてくれた」とマースデン。父親テレマコスはマイペースだが、マースデンにとっては厳しい上司だった。大勢から愛されたが、規律、尊敬、時には怖れを感じさせる強い個性の持ち主だった。従業員が深く考えないとテレマコスは叱責した。社長室から震えながら出てくる仲間をよく目にしたと何人もの従業員が回想する。これは、テレマコスの世代の上司の典型的なスタイルだった。

テレマコスは臨店したり、提案を評価したりするとき、他の人々が重要視しない細部に着目する。店舗では、牛乳が間違った場所に置かれていることや、レジの袋詰め係が袋いっぱいに商品を詰めないことを指摘する。そうすると、もう一袋余分に袋が必要になり二セント余計なコストがかかるのだ。テレマコスはコスト削減に容赦なかったが、他の面では気前がよく、事業で経費削減した分を投資した。たとえば、数百万ドルの収益が上がると、テレマコスは自らが導入を決めた従業員のためのプロフィット・シェアリング（利益分配制度）や退職金積立に割り当てようといった。彼の目標は、社内の人々の暮らしに役立てる効率的事業を運営することだった。あるときテレマコスはマースデンにこう言った。「お金儲けが私を事業に駆り立てるのではない。よい商人になりたい。それが私の望みのすべてだ」と。

アーサー・Tも父親同様に厳しいが、よい聞き手でもある。いまの仕事は父親以上に適していると言えるだろう。従業員は何かにつけアーサー・Tに意見を求めてくるが、「彼は人を惹き付ける人だから」とマースデンは言う。

このように、アーサー・Tの内面を見つめていくと、複雑で興味深い人物であることがわかる。謙虚で物腰は柔らかだが、卓越さを求める完璧主義者だ。自分の仕事に真剣に取り組み、従業員に手本を示す。驚くほど寛大である一方で、一インチも、十セントたりとも後には引かないという手堅く抜け目ない交渉を行う人物でもある。

スーツとネクタイ姿以外の彼を見かけることはない。いつもトレードマークともいえるえび茶色のネクタイを締めているが、それは店長たちが締めるネクタイと同じ色だ。彼には堅苦しい一面はあるが、純粋で品のよさがある。できる男の印象を与えようと会話を支配し固い握手を交わそうとするようなタイプの経営者ではない。むしろ、話をする人に意識を集中し、目を合わせて耳を傾ける聞き上手である。しかし、その控えめな態度の下には、神経質さが潜んでいる。

誰から見ても、アーサー・Tの大きな目標は会社を成長させることで、彼の個人的目標はよい商人になることだ。アーサー・Tはこの目標を取締役会で明確に示している。二〇一〇年のある会議では、当時新任の取締役だったナビル・エルヘイジに対して自己紹介の代わりに経営者としての最優先事項を語った。その主張のポイントは次のようなことだ。

買物客によく奉仕することは常に株主にもよい成果をもたらすが、最初に株主に報いると、買物客によく奉仕することが難しくなる場合もある。「僕の考えを是非知ってほしい。お客様が最優先、その次が従業員だ。また当社は地域社会に対する責任も負う。そして、最後に株主がくる」。

アーサー・Tは机上の空論を言っているのではなく、ステークホルダー理論についての自分の考えを説明したのだ。ステークホルダーとは、企業と利害関係を持つ人々や関係先を指し、株主の利益を最優先させることは、客や取引先などのステークホルダーに犠牲を強いて利益を追求する悪循環に陥ることになると、学者たちは警鐘を鳴らしている。これがステークホルダー理論で、経営学の世界でも静かに広がりつつある企業運営の考え方だ。ステークホルダー理論を唱える学者たちは、企業を価値創造システムとして考えるのが最も納得がいくとしている。

そして、このステークホルダー理論は、アーサー・Tのいとこであり、ライバルであるアーサー・Sが持つ考え方とは真っ向から対立するものであった。

アーサー・スティーヴン・デモーラス（アーサー・S）は、アーサー・Tより三歳若く、ジョージ一家の四人きょうだいの中では末っ子だ。少年時代、いとこ同士の二人のアーサーは、ローウェルやアンドーヴァーの街角で一緒に遊んだ。毎年ハロウィンには、アーサー・Sの兄のエヴァンをはじめ一族の子供たちがみんな集まって行事を楽しんだ。

アーサー・Tと同じく、アーサー・Sもフットボールとホッケーの選手となった。彼はホッケーが特に得意で、メイン大学時代には、シーズン幕開けと共にディフェンスマンとして活躍した。また、大学時代はずっと、マーケット・バスケットで働いていたが、アーサー・Sが家業にどう関わるかについて、叔父にあたるテレマコスとは考えの相違があった。メイン大学のホッケーチームや寮の仲間は、アーサー・Sがマーケット・バスケットについて次のように話していたことを覚えている。「彼は会社の一員になりたかった。それが自分の人生であり、父親の遺志を引き継ぐことだと考えていた。しかし、一員に入れてもらえないようだった」と、トム・リブロンは語った。一方で、彼は事業への関心をあまり持っていなかったのでは、という証言もある。彼は客の買物カゴを満たすことよりも、カーレースなど他のことに夢中だった。華やかなパーティに顔を出したり派手にお金を使うことで有名だった。

そんな悪名が立つアーサー・Sだが、実際その頃、彼がどのような目標を持っていたかを知ることは難しい。しかし、明確なことが二つある。

まず、自分に対するテレマコスたちの扱いは不当だと感じていたことだ。

私生活が派手であることから自分は誤解されているが、自分にもマーケット・バスケットの経営を担う権利も能力もあることを証明したいとアーサー・Sは思っていた。後に、ジョージ遺族がテレマコスに対して起こした訴訟の背景には、彼のこの感情がある。ジョージ遺族の弁護士だったキャロル・コーエンは「テレマコスを訴えようと言い出したのはアーサー・Sだった」と、証言している。

二つ目は、アーサー・Sは大学で経営学を専攻し財務の技術を磨いたことだ。

彼は起業家教育で有名なバブソン・カレッジで学び、一九八五年に経営学の学位を得た。彼の経営についての考え方は、当時影響力があったエコノミストや財務学者から学んだものだ。

亡き経済学者ミルトン・フリードマンの有名な言葉に「事業の責任は利益を増やすこと」とある。「シェアホルダー・プリマシー（株主第一）」とも呼ばれ、長期的な株主の富を最大化する目標だけに経営者が集中すれば、結果としてすべての人が今よりも繁栄するという考え方だ。この考え方に賛同する学者や経営者は、株主が企業を〝所有〟しており、株主の利益のみを追求すべきだと考える。客や従業員の満足は重要だが、それは株主の利益に実際につながるからだ。それゆえ、長期的な株主価値（註：将来的に生み出すキャッシュフローを現在価値で評価し、そこから負債を引いた株主に帰属する価値）以外の目標に株主のお金を投じないように、株主は経営幹部を支配下に置かねばならない。

アーサー・Sはこの哲学を身に着けた。

そして、これが、彼のその後の人生を貫く柱となった。

彼は、多くの投資家が会社を金儲けの道具と見るようにマーケット・バスケットを投資家の目で見ていた。マーケット・バスケットで彼が自分に課していた役割は、株主が最優先かどうかを確認することだった。

マーケット・バスケットは家族経営の企業だ。株主はデモーラス一族である。それでも、株主第一主義の考えにアーサー・Sは固執した。

彼が提案し決定された各事項は、利益を増やし、それら利益を株主に迅速に分配することに結び付くものだった。もし、この企業への投資が他の投資と同じほどの収益をもたらさなくなったら、利益は会社に再投資せず、株主に早急、かつ確実に配分するようにしなければならない、というのがアーサー・Sの考えだった。

取締役会で、アーサー・Tが自分の経営哲学を「顧客第一」と表明したとき、アーサー・Sは驚愕した。最優先すべき株主を、アーサー・Tはあろうことか一番最後に置いていたからだ。アーサー・Tの考えは、自分が財務について学んだことや、マーケット・バスケットの取締役会での自分の役割だと考えていたこととは、まったく正反対の考え方だった。

意見の不一致はほとんどの家業において珍しいことではない。

ただ、デモーラス一家の争いの場合は、その激しさ、金銭的利害の大きさ、裁判の長さが異例だったため、広く知られることになった。

親族関係を完全に損なった争いは、ビジネス上の争いに変わった。

マーケット・バスケットは誰に奉仕すべきか、という点においては、両者の見解があまりにかけ離れていたためだ。

だが、そうしたゴタゴタとは一線を画したところで、アーサー・Tと共に働く人々は、この争いについて別のとらえ方をしていた。

彼らは、自分たちがマーケット・バスケットの特別な企業文化を築いたと信じて疑わない。そして、その企業文化を体現しているのがアーサー・Tなのだ。アーサー・Tが追放されたら、その企業文化が危機にさらされる。自分たちの企業文化を守らなければならないと多くの従業員たちは強く感じていた。

では、マーケット・バスケットの従業員たちが大切に思うその企業文化とは、具体的にどういうものなのか。第2章で検証してみたい。

マーケット・バスケットは、地元から最も愛されているスーパーマーケットだ。マサチューセッツ州バーリントン店の店内。 Photo by Jim Davis/The Boston Globe via Getty Images

第2章
会社は誰のもの？

ひと口に企業文化と言っても、確とした実体があるわけでなく容易に定義できない。企業文化は、誰か個人の中にあるのではなく、組織で共有されるもので、それは言葉にされず多くの場合〝行間〟から感じ取られるものだ。

企業文化はいろいろな要素を取り込みながら、時間をかけて発展していく。

企業文化に良し悪しはないが、従業員たちが目的をより達成しやすい企業文化というものは確かに存在する。

経営学では、従業員の仕事ぶりに好影響を与える企業文化の要素は三つあるとされている。それは、①従業員が企業の目標について合意していること、②企業文化に他社の文化と異なる特徴があること、③困難に直面した際に企業文化が従業員の適応力を促進すること——である。

これらの点について、ほとんど誰に聞いても、マーケット・バスケットはまさにその三つに合致していると答える。明確な独自性があり、適応性のある企業文化を持っていると。

その企業文化は、アサナシオス、テレマコス、ジョージ、そしてアーサー・Tの言動に影響を受けてきた。それだけでなく、新しい考え方などを取り入れる雇用や研修によって、さらには、経営幹部が導入した公式、非公式な報奨制度からも強い影響を受けている。

マーケット・バスケットの企業文化には四つの柱がある、と言われる。

四本の柱とは、「社会への奉仕」、「家族意識」、「従業員の自主性を重んじる上から下への権限委譲」、「模倣よりも革新を重んじる独自性」である。

マーケット・バスケットの企業文化に人を動かす力があるのは、単にこの四本の柱に独自性があり、適応性があるだけでなく、その柱同士が共に連携し合って機能しているからにほかならない。

つまり、地域社会へ貢献する意識は、マーケット・バスケットに家族意識を持つ動機づけになる。

部下に仕事を任せることができる上司の懐深い権限委譲の文化があるから、〝マーケット・バスケット一家〟の役に立とうと、各自が工夫を凝らすことができる。

あの巨大なスケールの抗議運動が起きた原因と成功した要因は何か。

マーケット・バスケットの企業文化の四本柱こそが、それを解く最も重要な鍵だ。

＊

4 食料品より人々が優先

大半の経営者は、自分たちのビジネスがお金を儲ける以外の目的を持つことについて深く考えていない。だが、アーサー・Tはこの点において大多数の経営者と異なる。ひいては、マーケット・バスケットは大多数の企業とは異なる。

「マーケット・バスケットは我々が奉仕する地域社会と誠実に関わり合う義務がある」とアー

サー・Tは言う。買い手と売り手を越えた地域社会への配慮がある。マーケット・バスケットが他社とまったく異なる点は、この企業には食料品を販売する以上の目的があると従業員、顧客、そして取引先が信じているということだ。

こうした気持ちは、マーケット・バスケットやデモーラス家が慈善事業を以前から頻繁に行ってきたことに由来する。一代目のアサナシオスは、ビジネスを地域社会に奉仕し恩恵を与えるものとの考えを息子のテレマコスとジョージに引き継いだ。二人は、地域活動に熱心だった。二人とも、多額の寄付さえも目立たないように行った。たとえば、テレマコスは二〇〇三年にローウェルにオープンした高齢者施設の建設費用を寄付した。しかし、施設の名に自分の名を付けるのを断った。

デモーラス家から最も多額の寄付を受けたのは、おそらくローウェル市の経済振興非営利団体ローウェル・プランだろう。ローウェル・プランは過去十年間に一千万ドル以上の寄付金を受け取った。ほかにも病院、中でもローウェル総合病院とマサチューセッツ総合病院は、多額の寄付を受けている。アーサー・Tやマーケット・バスケットの多くの経営幹部の母校であるベントレー大学も恩恵を受けてきた。

ニューハンプシャー州セイレムからマサチューセッツ州中部のウースターに至る少なくとも十九のボーイスカウトとガールスカウトは、それぞれ数千ドルずつの寄付金を受け取っている。ニューハンプシャー州キーンからマサチューセッツ州南岸のニューベッドフォードまでの間にある複数のYMCAも、デモーラス家からの寄付を受けている。私立高校や、トランスフィギュレーション・ギリシャ正教会などの教会も再三寄付を受けている。それだけでなく、ボストン・

バレエ団やボストン博物館、メイン州にある病気の子供のレクリエーション施設であるキャンプ・サンシャイン、ローウェル・ラクロス協会など多くが恩恵を受けている。

寄付は二つの慈善団体を通じて行われる。ひとつは、二〇〇一年に設立したテレマコス&アイリーン・デモーラス家族財団で、二〇一四年時点で六千百万ドル以上の資産を持つ。もうひとつは、それより小規模のデモーラス財団で、一九八〇年に設立し三千万ドル以上の資産を有する。

マサチューセッツ大学ローウェル校の大学振興オフィスのスペシャル・イニシアチブ課のマーク・レイマー常任理事は、マーケット・バスケットは利益を上げるという目的を越えて「企業市民としての役割を理解している」と称賛する。

確かに慈善活動は重要だが、とはいえ、従業員たちはマーケット・バスケットがニューイングランドで他社と大きな違いを生んでいる理由が慈善事業だとは思っていない。

マーケット・バスケットの従業員たちが掲げる地域社会に奉仕するという目標がいかに高いかを、すでに本書で登場したボストン大学のジェームス・ポスト名誉教授は次のように説明した。

「マーケット・バスケットは善良な企業市民だ。しかし、社会貢献の意識は、慈善活動によってのみ築かれたものではない。店舗を営業するあらゆる地域で社会活動を支援しているが、それだけではないのだ。マーケット・バスケットの人々がそうした支援を続ける基には、品質、サービス、近隣への配慮……などにおける伝統的な米国人の価値を大切に思う心があり、その価値の提供を自分たちがしているのだという矜持にも似た気持ちがある」。

まさにマーケット・バスケットは、食料品事業を通じて社会に奉仕するために存在しているのだ。

アーサー・Tは「食料品の商売よりも、人々のことが優先」とよく言うが、これは単なる口先だけの巧言ではない。実際に「人々が優先」とは、どういうことかというと、買物客がマーケット・バスケットに来店するやいなや、従業員は優れたサービスを買物客に提供するべく全身で迎え入れる。敬意を持って客に接し、必要な商品を探す手助けができるよう、売場にいる全従業員が、温かいスタンバイ状態にあるのがわかる。あくまでも、さりげなく。マーケット・バスケットの従業員は、「強引に販売」しようとしたり、買物をせかせたりは決してしない。

ただし、「人々が優先」の考えには、さらに広い意味がある。

マーケット・バスケットの従業員、顧客、取引先は、たとえるなら自分たちのことをニューイングランドという〝織物〟の繊維の隙間を埋めるものだと考えている。彼らは、地域の人々の生活はマーケット・バスケットのおかげでよりよくなり、マーケット・バスケットが勝利の方程式を変更したら、人々の生活が今までよりも悪くなるだろうと信じている。

バリー・ファインゴールド上院議員は、二〇一四年七月二十五日にトゥークスベリーで行われた抗議集会の場で次のように演説した。

「産業が衰退しているメリマック・バレーで育ってことは何を意味しているか、デモーラス家とマーケット・バスケットがどれだけ重要か、わかるでしょう。

私はトゥークスベリーとローレンス市の代議士です。これらの街で低価格の食料品店があることにどんな意味があるかをお話ししましょう。

それは大きな価値があります。先日、ニューベッドフォードに行ったところ、人々が私に話しかけてきました。彼らはこう言いました。『ニューベッドフォードにこれまでに起こったことで最高の出来事のひとつは何かわかりますか。それは街にマーケット・バスケットがオープンしたことです』と。あなたがニューベッドフォードに住んでいても、チェルシー、ローレンス、ローウェル、セイレム、その他の地域に住んでいても、マーケット・バスケットが街にあることが大きな違いを生んでいるのです」

八十社の会員がいる経済振興非営利団体ローウェル・プランのジェイムス・クック常務理事も、マーケット・バスケットについて同様の意見を述べる。彼は、マーケット・バスケットが数千もの雇用を創出し、経済的成長を生み出したと指摘する。そして、アーサー・Tを「余人に代えがたい人物」と語った。なぜならば、マーケット・バスケットが買物客、特に社会的弱者の生活をよりよくしているからだ。

多くの地域でマーケット・バスケットが重要である理由の一つは、単純に地域で最安値だからだ。ストラテジック・リソース・グループの調査によると、マーケット・バスケットで買物をする平均的な五人家族はごく一般的な競合店で買物するよりも年間千五百ドル節約できる。生活情報雑誌『コンシューマー・レポート』は、任意に選んだ全国のスーパーマーケット五十社の中でマーケット・バスケットを総合評価の上位にランクづけした。マーケット・バスケットはこれら企業の中で価格の評価ランキングが最上位だった。同じ調査で、競合するハナフォードやストップ&ショップは価格の評価では下位にランクし、ショーズは三番目に価格が高いと評価された。

マーケット・バスケットの副店長のひとり、ショーン・モースは言う。「お客様を区別するわけではないが、当店はお金持ちのための店じゃない。一般家庭が大容量の牛乳を購入するタイプの店だ。収入が限られている人々は、ハナフォードやショーズやストップ&ショップに買物に行く余裕がない。もしマーケット・バスケットが店を閉めたら、大手スーパーマーケットのやりたい放題になって価格が上昇するだろう」。

あるクリスマス時期のこと。客の助けになればと思い、アーサー・Tはパン売場の商品すべてを半額にすることにした。

多くの人々、特に貧しい人や社会的弱者にとって、マーケット・バスケットは買物できる唯一の店だ。社会的弱者には、高齢者も含まれる。多くの高齢者は社会保障制度に頼って生活していて、自家用車を持っていない。「本当に、マーケット・バスケットはこの地域では貧しい人のための店として知られているんです」と、ローウェル地域のキリスト教徒交流会のラフォウル・ナヒーム神父は言った。

マサチューセッツ州ウェストフォードの高齢者委員会は、社会保障を受ける大勢の高齢者を支援している。ウェストフォードには六十歳以上の高齢者が四千五百人いるが、そのうちの約二千人がこの高齢者委員会の支援を受けている。この委員会は、給食施設や図書室を運営する。また、デイサービスを実施し、高齢者向けの太極拳やビンゴ大会、パソコン教室などを開催している。

さらに、食料品のまとめ買いをする高齢者の送迎サービスも行っている。

ほとんどの高齢者は、マーケット・バスケットを買物先に選ぶ。それは、何と言っても価格が安いことが理由のひとつだ。大半の高齢者は限られた収入で暮らし、月末近くには残金も底をついてくる。

委員会のディレクターであるジョアン・シーハンは言う。「彼らの中には、食料品を買うか、医者にかかるかのいずれかを選ばなければならないほどぎりぎりの生活を強いられている人がいる。マーケット・バスケットの価格の安さは、これらの人々の家計を助け、生活を実質的に支えている」と。

とはいえ、ほんの少し努力さえすれば、他店でも安い商品を見つけることはできる。同じ地域にウォルマートがあり、安い商品を売っている。だが、それでも、彼らはマーケット・バスケットを真っ先に選ぶ。なぜかと言えば、彼らは大切にされ、敬意を払われるからにほかならない。彼ら高齢者は毎週決まった時間に買物に行く。そして大抵、顔見知りの従業員に会う。そのことが、高齢者に安心感と心地よさを与えている。

マーケット・バスケットは単に安さを提供するだけではない。ほとんどの競合他社が不可能だと思っている「価格とサービスの両立」に、かなり意識的に取り組んでいる。その想いは、店のスローガン〈さらなる価値を（More for Your Dollar＝モア・フォア・ユア・ダラー）〉に表れている。なんとシンプルな提案だろう。そして、マーケット・バスケットはその提案を上手に具体化して展開している。

競合他社も似たようなキャッチフレーズを掲げてはいるのだ。ディスカウントストアとして有名なターゲットのキャッチフレーズは〈より少額でより多くを〉、ウォルマートは〈節約して、よりよく暮らそう〉。もちろん両社とも元来かなりの低価格で知られている店だ。しかし、彼らのビジネスモデル全体がこのコンセプトに従って設計されているとは言い難い。多くの小売企業は価格とサービスは両立できないと考えている。なぜなら、価格を引き下げると、人件費も引き下げねばならない。たとえば、近年ウォルマートで行われた経費削減は主に従業員の犠牲によって実現された。かつてウォルマートの特徴だったプロフィット・シェアリング（利益分配制度）は廃止され、さらに一店舗当たりの従業員数は削減されて、フルタイム従業員の割合は徐々に低下した。

競合他社とは店内のレイアウトもマーケット・バスケットは異なる。

競合店の売り場レイアウトのほうはどこも迷路のようだ。買いたい商品とは関係なくいろいろな売場を歩き回らされる。売場通路はカーブが多く、それぞれの曲がり角には〝粗利の高い〟商品が置かれていて、買物客をそこに誘導するように設計されている。広い通路から狭い通路に入る棚の端はエンドキャップといい、ここにも高粗利の商品が並べられている。

これに対して、マーケット・バスケットでは、買物客が店内で心地よく過ごせることが、すべての判断の基準となる。たとえば、マーケット・バスケットの売り場レイアウトは、格子状だ。縦横に通路を配置している。通路の曲がり角には〝粗利の低い〟買い得商品を大々的に陳列。これら商品を積み上げた陳列は、通りかかった買物客の目に当然とまる。しかも商品ラベルには、大きな文字で「いくら節約できるか」の数字を具体的に表示している。

マーケット・バスケットは、貴重な売場にこのような低粗利の商品を陳列している。なぜならそれらは大量に売りさばけるからだ。商品ひとつひとつの利益は少額でも、総額でみれば、マーケット・バスケットの利益額は大きい。加えて、このような陳列をすると、通常の棚の商品を並べ替えることなく、どの商品が買物客に人気だったかを簡単に知ることができる。

よりよい顧客サービスを提供する一方で、マーケット・バスケットが運営コストを低く抑えるのに効果をあげている方法は注目に値する。

それは営業時間の〝短縮〟である。

競合企業の一つであるショーズは、平日は二十三時に、日曜日は二十一時に閉店する。中には二十四時間営業の店も。ショーズはスーパーマーケットの慣例にならって、早朝に商品を補充する。早朝シフトの従業員が出社して売場を見れば、前日何が売れたかがわかるから、隙間ができている棚に商品を陳列する。開店前に商品を補充するこの方法だと、買物客が周辺にいないので作業に没頭でき、昼間や夜のシフトの従業員はめったに商品補充はせずにレジでの精算に集中できる。

さてマーケット・バスケットの閉店時間はと言えば、平日は二十一時、日曜日は十九時である。ショーズよりも営業時間は常に二時間短い。にもかかわらず、このほうが他社よりも短時間でより多くの仕事を行うことができるのだ。

マーケット・バスケットでは、商品補充の九五％は日中に行われており、売場を買物客が歩き回る中、従業員が一丸となって商品補充を行う。それによって、従業員と買物客が接する機会が増える。従業員は顧客に、顧客は従業員に気づき挨拶を交わす。必然的にマーケット・バスケットの従業員は他社の従業員と比べて客の様子に敏感になり、今そこにいる客の行動をつぶさに見ることができる。さらには、どの商品が売れていて、何時ごろによく売れるかを知ることができる。まさに商売の流れの中で仕事をしているのだ。

実際の売場の動きを把握することで、どの商品が購入されたかだけでなく、買物客がどの商品と一緒に購入したかも知ることができる。

日中に補充作業をすることは、棚に商品を補充するだけでなく、買物客への感謝の気持ちを表すことができ、買物客が必要とするものは何かを理解する力が養われる。

そして、多くの従業員が自分の仕事は重要だという意識を持つようになる。仕事を通じて、たくさんの家庭の食卓を整える手助けをし、よい食事をするという基本的ニーズ(権利ともいえる)に貢献しているのだという誇りが持てる。


取引先も、マーケット・バスケットはこのニューイングランド地域にとって重要な存在だと思っている。

リッチ・ボナーノはマサチューセッツ州で果物、野菜、生花を栽培する生産者だ。彼は二十年以上もマーケット・バスケットに商品を納めているが、自分はマサチューセッツ州の生産の一役を担っていると自負する。ボナーノは、二〇〇七年にダグ・ピーターソンがマサチューセッツ州農業コミッショナーになったときの話を聞かせてくれた。ピーターソンは州議会議員として長いキャリアがあるが、その間ずっと環境保護に携わってきた。農業経験が一切ないままにコミッショナーの役職についたので、勉強のため地元の農場を訪問して回った。ボナーノによれば、ピーターソンは農業に魅了された。イチゴ農園を訪ねると、生産者たちが互いに質問を熱心にし合ったり、情報交換をしたりしていた。作柄はどうか。土壌はどうか。「みなさん、隠し事なく何でも話すのですね。いつもそうですか」と、ピーターソンはボナーノに尋ねた。

それに対しボナーノはこう説明した。「私たちはマサチューセッツ州で消費される食品のわずか一五％を生産しているに過ぎません。我々の農産物をすべて集めてもマサチューセッツ州で必要とされる食料のすべてを供給できないのです。ですから、隣人と競い合っているという意識を持ったことはありません」。

ボナーノは他の生産者を、地元農業を支え、強い食のインフラを作り上げるという共通目標を持つ仲間だと考えている。「農産物を運ぶトラック運転手や殺虫業者を失いたくありません。彼らはマサチューセッツ州の食のインフラであり、私たちがそれを維持しなくてはいけないのです」と言った。

ボナーノはマーケット・バスケットのことを、単なる多額の商品を購入してくれる客先と思っているわけではない。彼は、このインフラの主要メンバーだと考えている。ある意味、生産者をまとめる役割を果たしているのだと。「マーケット・バスケット用の菊を育てた全員を知っています。クリスマスパーティで会いました。そのうちの三、四人は僕と同じ町に住んでいる人。私たち全員がチームの一員だということを感じます」。

自分たちが州の繁栄に貢献しているとわかっているからやる気が出るとボナーノは言う。彼らが生産するズッキーニや菊には意味がある。これらの産物は、彼ら生産者が地域の経済に明らかな影響を与えていることを表しているのだ。

マーケット・バスケットをアーサー・Tの手に取り戻させるために起きた抗議運動においても、同じように目的意識が明確に示された。抗議集会では司会を務めたスティーヴ・ポーレンカは、彼個人にとって意味深いある詩を複数の集会で読んだ。それは、反ナチ運動を行ったために一九三〇年代に強制収容所に送られた福音主義教会のマルティン・ニーメラー牧師の詩で、自分自身の理想のために人は立ち上がらねばならないと思い起こさせてくれる。なぜなら、人間は自分が考えているよりずっと、他人の苦しみと深い関わりがあるからだ。

その詩とは、次のようなものである。

最初に彼らが社会主義者を弾圧したとき、私は声をあげなかった
なぜなら私は社会主義者ではなかったから
次に彼らが労働組合員を弾圧したとき、私は声をあげなかった
なぜなら私は労働組合員ではなかったから
その次に彼らがユダヤ人を弾圧したとき、私は声をあげなかった
なぜなら私はユダヤ人ではなかったから
そして、彼らが私を弾圧したとき、
私のために声をあげる人はただの一人も残っていなかった

朗々と読まれたのは、スーパーマーケットのCEOを支援する抗議集会の場所だ。ホロコーストからの教訓を語る詩を人々が聞く場所としては似つかわしくなかったかもしれない。しかし、このメッセージはポーレンカの朗読を聞いた人々の心に響いた。マーケット・バスケットを救うことは多くの人の役に立つのだと。

それは個人的利益のためだけでなく、ニューイングランドの利益のためにも救う必要があるこ

とだった。

より高い目標を持つことは、その人の潜在的能力が発揮されるカギとなる。

マーケット・バスケットでは、あらゆる役職の従業員が、自分の仕事は人々のよりよい暮らしに役立つから重要だとよく口にする。彼らは買物客が自分たちを必要としていることを理解している。そして、買物客の生活水準を引き上げるのに役立つことを進んで実行したいと思っている。

このように、意義と目的がやる気につながるということは、心理学者たちが一致して持っている考えだが、この考えはビジネスにも適用できる。

ペンシルバニア大学ウォートン校のアダム・グラントの研究を見てみよう。

二〇〇五年、彼はある大学のテレフォンセンターを訪れた。そこには、卒業生に寄付を求める電話をかけるパートタイム従業員が働いていた。この仕事は骨が折れ、ストレスもたまる。そこで、より大きな目標について考えるよう促してみて、それが彼らのやる気につながるかをグラントは知りたいと思った。

まず、彼らを無作為に三つのグループに分けた。

一つ目のグループには、ある夜、仕事を始める前に、彼らの利己心に働きかけるストーリーを読ませた。そのストーリーとは、この仕事をしていたかつての従業員はこの仕事でキャリアに役立つスキルを向上させたという内容だった。

二つ目のグループには、利己心を強調する内容ではなく、寄付金集めの意義と目的を強調した話を読ませた。それは、彼らが集めた寄付金がたとえば奨学金の資金になり、いかに他の人々の人生に影響を与えるかを書いた内容だった。

三つ目のグループはコントロール・グループで、通常通りに仕事を開始させた。

そして、この実験開始の一週間前と一か月後の各人の業績を比較した。その結果、利己心をかき立てる話を読ませた一つ目のグループは、実験前よりも集めた寄付金が少なかった。一方、仕事の重要性について読んだ二つ目のグループは、以前のほぼ三倍の寄付金を集めた。コントロール・グループの寄付金集金額に変化はなかった。

この実験からの教訓は明らかだ。その人の仕事が他人の生活に役立つことを知らせることは、各自の得になるかどうかということよりも、仕事の能率が上がるという効果的な結果を生むのである。

意義と目的。この二つには、いかに人々の意欲をかき立てる威力があるかを、この実験は物語っている。

マーケット・バスケットの従業員は、自分が単に食料品を販売しているだけではなく、低価格によって消費者の生活水準を向上させていると認識している。

他のスーパーマーケットも低価格を宣伝してはいるが、マーケット・バスケットがそれらと異なるのは、このビジネスモデルを通じて、地域社会に奉仕する明確な意識が従業員の間に広く浸透している点である。

経営幹部は、マーケット・バスケットの存在意義と目的を頻繁に、かつ、はっきりと言葉にして説明する。われわれの仕事の目的は、人々の生活、特に社会的弱者や恵まれない環境にいる人々の生活をよりよくすることなのだ――と。

この強い目的意識は、あの一連の大きな抗議運動において、意義ある効果をもたらした。すなわち、マーケット・バスケットは食料品を販売する店というよりも、地域社会の大切な柱とみなされた。抗議運動に参加した従業員、顧客、取引先の人々は、アーサー・Tと彼の経営の仕方を復活させることが、ひいては地域社会を支えることにもつながるのだと考えた。

5 家族は血筋ではなく信頼からつくられる

おおよそ世の中で親が最も聞きたくない知らせは、子供が大けがをしたという通報だ。二〇一二年、マーケット・バスケットのミドルトン店のテリー・マッカーシー店長は、かかってきた電話に固まった。二十歳の娘デヴィンが脳に重傷を負い、ロードアイランドにある病院の外傷センターで治療を受けているという緊急連絡を受けたのだった。

けがの回復の見通しはよくなかった。助かる見込みは良くて半々だった。マッカーシーは娘のそばに付き添った。そして、回復するまでずっとそばにいたいと思い、直属の上司に連絡し事情を伝えた。マーケット・バスケットの経営幹部たちは、困難な状況に陥った店長たちや従業員たちにこれまでも理解を示してきた。マッカーシーに対しても、娘や家族の元に必要なだけいるように伝えた。それでもマッカーシーは、上司や部下に迷惑をかけることを心苦しく思った。

しばらくすると、電話がかかってきた。アーサー・Tからだった。「ミスターD（註：アーサー・Tを指す愛称）は、いつものように落ち着いた口調で励ましてくれた」とマッカーシーは思い返して言った。アーサー・Tは状況を尋ねた。どこで治療を受けているのか、容体はどうか。君や家族は大丈夫か。状況が深刻だとわかったアーサー・Tは、さらに尋ねた。「テリー、その病院は彼女のけがをちゃんと処置できるところなの？」。マッカーシーはそうであってほしいと思ったが、助かるかどうかはまだわからなかった。

そして、アーサー・Tは、マッカーシーと会社との関係を永遠に変える質問をした。「私たちは彼女を転院させるべきかい？」。

マッカーシーはその瞬間を「死ぬまで忘れない」と言う。これまでもマッカーシーは、自分はマーケット・バスケットに家族意識を感じていた。しかし、このとき、アーサー・Tや会社の仲間たちと、マッカーシーの家族との結びつきの深さを初めて思い知った。彼は〝マーケット・バスケット一家〟の一員だと痛感した。

この出来事は幸いにもハッピーエンドに終わった。最初に運ばれた病院でデヴィンのけがは完治したのだ。

マッカーシーはこのときのことを、アーサー・Tを取り戻すための抗議集会で壇上に立って何度か演説した。娘と共に、泣きながら。話し終えると、マッカーシーは参加者に向かって語りかけた。「あの時、アーサー・Tは『私たちは彼女を転院させるべきかい？』って聞いてくれたんだ。君たちならわかるよね、『私たち』とは誰のことか」。

集会やピケでは多くの看板に「家族は血筋ではなく信頼からつくられる」とあった。この文言はマーケット・バスケットの企業文化の核心を突く。

この文化は、アーサー・Tの祖父でいつも家族の重要性を説いていたアサナシオスまでたどることができる。家族第一の考えは、当時のギリシャ系の労働者階級では珍しくはなかったけれども、珍しいのは、アサナシオス、テレマコス、そしてアーサー・Tの三世代が、既存の枠組みを越えた、より大きな家族意識を作り上げたことだ。

アーサー・Tは、父親のテレマコスのもとで他の社員と同じように少しずつ昇進した。互いに切磋琢磨した社員たちが、アーサー・Tの最も近しい友人や仲間になり、後にアーサー・Tとその会社を信頼して働く結束力のあるチームを形成した。

中でも、ウィリアム・マースデン、ジョセフ・ロックウェル、ジム・マイアミス、ロン・キャリナン、ダイアン・キャラハン、マイク・マグワイア、ドン・マリガン、スーザン・デュフレーン、トム・トレイナー、トム・ゴードンは、アーサー・Tが信頼し、彼らもアーサー・Tを信頼する経営チーム。互いに助け合い、家族のように隠し事はいっさいなかった。

まるで感謝祭の食卓のような雰囲気の会議を想像してみてほしい。家族全員が顔をそろえ、それぞれが互いをよく知っている。互いの強みや弱点を理解している。互いにとって何が重要かを理解している。その中の一人のやる気を起こさせるにはどうしたらいいかを知っている。彼らは冗談を言い合い、議論し、反対意見を言い、決議する。

これがアーサー・Tの家族だ。

他社のCEOが社員を家族だと話すのを聞いたことがあるかもしれない。しかし、アーサー・Tほど真剣に家族意識の重要性をとらえているCEOは他にはいない。

マーケット・バスケットでアーサー・Tと握手したことがない従業員は探すのが難しい。アーサー・Tは従業員の名前を覚えて、店に行ったときにはできる限り温かく彼らに声を掛けようと心を砕く。ときには、妻や夫や子供の名前を覚えていて、元気かと尋ねることもある。売上高四十億ドル規模の企業で、このような人と人の触れ合いを持つ企業は聞いたことがない。

アーサー・Tは従業員の家族の葬式や結婚式に出席し、病気の家族を看病しなければならないときには休暇がとれるよう配慮をしてくれたと、従業員たちは語る。

アーサー・Tと従業員の信頼関係は双方向だ。従業員に忠誠を望むと同時に、彼自身も従業員に忠実であろうとする。

「自分に対して誠実な人に、誠実に接しないことなどできる?」とマサチューセッツ州ローレンスのエリザベス・セントヒレアは言う。彼女は、マーケット・バスケットが所有するインディアンリリッジ・カントリークラブに十三年間勤務している。

驚くことに、この感情はマーケット・バスケットのあらゆる部署や階級に浸透している。ほとんどの従業員が、困難に直面したときに社内の誰か(仲間、直属の上司、経営幹部)が温かな手を差し伸べてくれた逸話を持っている。

しかし、この真心は制限なく注がれるものではない。たとえばあなたが家族の一員になるとしたら、自身の誠意を示さねばならないのはもちろんだが、それを見定めるために審査期間とも呼べる期間があり、社内の人々があなたを観察する。彼らはあなたを評価し、間違いなくあなたについて話をしている。それはあちこちで耳にするよくある軽い噂話ではない。もっと慎重なものだ。あなたが〝マーケット・バスケット一家〟のメンバーの害になる考えを持っていないことを確かめるための用心深い審査といえる。

この審査に合格すると、〝マーケット・バスケット一家〟の仲間として迎えられる。取引先や新規雇用の従業員の場合、最初は窓口の一人だけと接することから始まる。しかし、いったんドアが開くと、〝マーケット・バスケット一家〟全体から受け入れられることとなる。

アーサー・Tをよく知る人々は、彼が「私」ではなく「私たち」という主語を頻繁に用いると指摘する。それは、従業員が一つ屋根の下に共にいると示すもうひとつの方法だ。

社員が「私」「あなた」ではなく「私たち」という言葉を使う組織には家族意識が感じ取れる。たとえば､国際輸送サービスのUPSの従業員が自分たちを「ユーピーエサーズ（UPSers）」と、コンピューター製造のIBMでは「アイビーエマーズ（IBMers）」と呼ぶのを聞いたことがあるだろう。これは、企業と従業員は価値を共有しているのだと、従業員が信じていることを示している。

この強い帰属意識は、職場での従業員のふるまい方に大きな影響を与える。消防士や戦士という極端な例を挙げると、仲間を救うために文字通り自分の命を喜んで投げ出すほど、所属する団体や、ときには他の同業者に対しても、各自が強い連帯意識を感じている。しかし、たとえば食料品を販売するような命を危険にさらす職業でなくても、家族意識はやる気につながるものである。この意識が強ければ強いほど、従業員は仕事に満足し、会社にとどまり、仲間の従業員を助ける傾向が強い、と言える。
従業員のみがこの家族意識を感じることができると、学者たちは考えていた。しかし、最近の研究では、この仲間意識は予想外の場所でも現れることがわかった。たとえば、ハーレー・ダビットソンを購入した人々は、自分を、単なるバイク購入者以上の存在と考えている。彼らは自分自身を、ハーレー・ダビットソンの家族の一員、伝統の一部だと考えている。また、現在は以前ほどではないとしても、アップル愛好家の多くは自分たちを「アップル・ピープル」と思っている。ボストン・レッドソックスのファンの入れ墨からもわかるとおり、同じ現象はスポーツチームでも起こる。

マーケット・バスケットは、他の多くの会社よりも仲間意識を育んでいる。「企業国家アメリカの大半の企業の従業員は、『私のことは?』というが、それはマーケット・バスケットにはない。ここでは『私たちのことは?』だ」と、マーケット・バスケットの営業推進スーパーバイザーであるジョー・シュミットは言った。ただ言葉だけのことに思えるかもしれない。しかし、そうではない。自分自身をどうとらえるかが違うのだ。それは、「私はマーケット・バスケットで働いている」と「私たちはマーケット・バスケットだ」との違いである。

このような感情は、所属するグループへの強い忠誠心につながる。もちろん、ここでは、マーケット・バスケット一家への忠誠心だ。かつてヴィクトリー・スーパーマーケットのCEOだったアーサー・ディジェロニモの次の言葉について考えてほしい。「当社は他社から優秀な社員を何人も引き抜くことができた。どんな会社からもね。ただし、例外が一社ある。マーケット・バスケットの社員はまったく応じなかった」。

マーケット・バスケットは家族意識を積極的に育んでいる。最初は報奨からスタートする。マーケット・バスケットのプロフィット・シェアリング（利益分配制度）は、食品業界で最も報奨率がいい制度のひとつといわれている。会社の業績に基づいて支給された十二月の賞与の合計は、二〇一三年は合計四千四百万ドル、二〇一四年は合計四千九百万ドルだった。これは、一人当たり平均千六百ドルの計算になる。もちろん従業員によって支給額は異なり、会社での在職年数と役職との組み合わせで支給額が決定するが、従業員の給与に規定の倍数を掛け算して計算される。たとえば、在職十五年以上の従業員の賞与は給与三週間分になるといった具合だ。賞与は通常年に二回で、クリスマス時期と三月に支給される。

定期賞与に加えて、新店の滑り出しが非常に好調だったときには、従業員全員に臨時賞与を支給する。マーケット・バスケットは社内から昇進させるので、新店の管理職のポジションには既存の店舗の人材が昇進して就任する。出店する新店には社内の最も優秀な従業員を選抜して配属する。従業員にとって、この異動は非常にうれしいことだ。しかし、優秀な従業員が抜けた店舗では、その穴を埋めるためにこれまで以上に懸命に働くことになる。これを承知しているマーケット・バスケットは、新店オープンによって仲間が抜けた既存店の従業員に、特別手当を支給することもある。プロフィット・シェアリング（利益分配制度）は、従業員の将来を企業の成功と結び付け、全員が運命共同体であるという文化を強化する。

マーケット・バスケットでは自然に家族意識を育むこともある。それは経営幹部の行動を通して育まれる。アーサー・Tや他の経営幹部による従業員へのあらゆる言動から、従業員は自分が価値ある家族の一員だと認識する。特に悲しみ事や苦難のときに、マーケット・バスケットの管理職や経営幹部は即座に手を差し伸べる。従業員に、有給の長期病気欠勤を与え、スケジュールを調整する。安心感を与え、支援が必要かを尋ねるために、就業時間後に電話をかける。これについては、ほとんどすべての従業員が何らかの経験を持っている。これらの逸話で一冊本が書けるほどだ。

従業員の愛する家族が亡くなったときは、アーサー・Tや経営幹部が告別ミサに参列する。その際、アーサー・Tは大抵、長居はしない。ミサに出席し、受付でお悔やみの言葉を言い、目立たないように静かに立ち去る。CEOのこのような立ち振る舞いに毎回、従業員は感動する。

このような経験談を多数聞くと、マーケット・バスケットは働きやすい雰囲気の職場だと思うかもしれない。でも実際は、実力主義でテンポが速い職場だ。従業員は個人として尊重されるけれども、しかし、その個人の価値は、会社の成長を支える同僚からどれぐらい頼りにされるかというマーケット・バスケット独自の見方で評価される。決して無駄に寛容な雰囲気などではないのだ。従業員は、長時間のスケジュールを組むことや、勤務時間中に複数の仕事をこなすことが期待される。会社全体のために自分を犠牲にすることが求められる。ただし、従業員が能力を示すと、アーサー・Tや他の経営幹部は、その人を昇進させ、その従業員に対して信頼を寄せる。信頼が厳しい愛情の形で示されることもあるが。

長年マーケット・バスケットで働いてきたカーラ・フォスターも、他の従業員と同じく、マーケット・バスケットを〝家族〟と表現する。「私たちは家族だけど、人はその本当の意味に気づいていないわ」。本当の家族のように口喧嘩して、「最後には互いが必要なときに、そばにいるということなの」。フォスターにとって、家族はギブ・アンド・テイクの繰り返しだ。「アーサー・Tは大変寛容な人よ。だから私は彼のためにいい仕事をしようと努力し、その努力で認められたいと思っている」。

彼女が会社を愛する理由のひとつは、誰とでも率直に語り合える風通しの良さにある。彼女の一番上の息子のフィリップは自閉症だ。二〇一三年、フィリップはもうすぐ高校を卒業しようとしていたが、卒業すれば、必要とする特別な教育サービスが受けられなくなる。フォスターは十四年間店舗で働いた後、トゥークスベリーにある本部で十年以上働いていて、自分の仕事が気に入っていた。彼女は本部に残りたかったが、息子の面倒をみるには、もっと柔軟なスケジュールで働かざるを得なかった。どうしていいかわからず、皆に慕われていた重役のウィリアム・マースデンに相談した。マースデンは率直にこう言った。「正直にいうが、君にとって最もいいのは、おそらく店舗のほうで働くことだ」。それから間もなく、アーサー・Tがフォスターの元にやってきて、どの店で働きたいかと尋ねた。そして、フォスターの意向を聞くと、それでいいんだねと確認して帰った。

彼女はニューハンプシャー州ロンドンデリーの店舗に着任すると、皆に歓迎された。店長もその一人だ。彼は、彼女が息子の面倒を見られるスケジュールで間違いなく働けるよう調整してくれた。彼女は現在も、売場の広告や価格表示の担当としてこの店で働いている。店内のすべての部門の売価の表示や、買物客がいくら得するかの表示に間違いがないかを確認している。彼女の勤務時間の終了間際に売場主任が表示を必要としても、彼女はすべてを投げ打って、テキパキとその仕事を終わらせている。

時折、彼女は店でアーサー・Tを見かけることがある。すると、彼は息子の名を覚えていて、フィリップの様子を尋ねてくれる。マースデンとの会話を彼女は振り返り、「あのとき、彼は本当に私の為を思って助言したのだということがしみじみわかる」と語った。

職場で彼女は常にこの家族意識を感じている。彼女が受け持つ売場にここ数年毎週金曜日の午前中に顔を出すようになった高齢の女性客について話し始めた。「そのお客様は目がよくなくて、私に買いたい商品を言うので、商品を探すのを手伝うの。家族に贈るグリーティングカードを選ぶのを手伝ったこともある」。その女性の名こそ知らなかったが、フォスターが彼女を大切に思っていることは伝わっているはず。それは、フォスター自身が〝マーケット・バスケット一家〟に対して感じる愛情であり、彼女なりの恩返しだった。

ふつう、このような家族意識が取引先にまで及ぶとは想像しにくい。実際のところ、納入業者は部外者とみられるのが一般的だ。しかし、マーケット・バスケットではそうではない。実際、マーケット・バスケットの取引先の多数が、自身を〝マーケット・バスケット一家〟の一員のように感じている。

中でも納入業者のジム・ファンティニは、マーケット・バスケットへ格別の愛情を感じている一人だ。ファンティニがマーケット・バスケットを知ったのは子供の頃だが、マーケット・バスケットとの関係は彼の誕生前にさかのぼる。彼の父親は、マサチューセッツ州ヘイヴァーヒルで家族経営のベーカリーを営む三代目オーナーだった。ベーカリーは一九〇二年にファンティニの祖父が創業した。一九六〇年代のはじめ、マーケット・バスケットはこのベーカリーの主要取引先になり、両社は共に成長を続けた。マーケット・バスケットが新店をオープンするごとに、「商品を納品できるように配達ルートを広げた」。

少年だったファンティニはベーカリーで働きながら成長した。運転免許を取得するとすぐに、父親はファンティニにトラックを運転させ、ニューイングランド中のマーケット・バスケットに配達させた。マーケット・バスケットのやり方がファンティニにもあまりに深くしみ込んだので、それはファンティニ・ベーカリーのDNAにも組み込まれた。

一九八〇年代、ファンティニ・ベーカリーはある事業の失敗から、一時、倒産に追い込まれた。他のスーパーマーケットは、倒産寸前の業者には冷たく、取引を打ち切った。ところが、マーケット・バスケットは取引を続けた。そのおかげで、商売を軌道に戻し、現在、地域で中堅どころのベーカリーに成長した。テレマコスやアーサー・T、マイアミスやラコースなど経営幹部から受けた支援は、事業を救っただけでなく、ファンティニにいわせれば「父親の命を救った」。これらの行為を、ファンティニと父親は絶対に忘れることはないだろう。

ファンティニは父親のベーカリーで今は働いていない。二〇〇一年、マーケット・バスケットにパン類を納める大手メーカーの社員になったのだ。詳しくいうと、ファンティニは、マーケット・バスケットの名で販売されるベーカリー製品の営業マネージャーだ。これら、いわゆるプライベート・ブランド商品は、名の知れたナショナル・ブランド商品よりも一般的には低価格で販売しているので、ほとんどのスーパーマーケットにとって重要な商品となる。特に、低価格販売のスーパーマーケットにとってはそうである。

ファンティニがこの大手メーカー社員として初めてマーケット・バスケットと取引したとき、

本部のほとんどの経営幹部と面識がなかった。マーケット・バスケットの経営幹部たちは最初からファンティニに好意を持って接してはいたが、彼は彼らの信頼を得るよう努力しなければならなかった。それには、「マーケット・バスケットの顧客のニーズを常に最優先に、そして最も重視しなければならない」と、ファンティニは肝に銘じた。

多くの納入業者は、マーケット・バスケットのやり方に順応できない。これらの企業は、目の前の売上を重視し、隙あればマーケット・バスケットのバイヤーを出し抜こうとするが、このやり方はマーケット・バスケットには効果がない。たとえば、マーケット・バスケットの店長たちは頻繁に競合店に価格チェックをしに行く。マーケット・バスケットの社員たちは、取引先が競合店に商品を安く卸したと知ると、それを裏切りとみなす。特にそれが陰で行われた場合にはなおさらだ。そのような納入業者はマーケット・バスケットの担当者から事情を問いただされることになる。「多くの企業が不誠実さから墓穴を掘ってきた」とファンティニは言う。

ファンティニによれば、マーケット・バスケットと良好な関係にある業者は、自社の損得のバランスをうまく調整していると。彼らはギブ・アンド・テイクの姿勢でマーケット・バスケットとの関係づくりに臨む。たとえば、来月大きな注文がもらえると期待して、今月は自社に不利な配達条件を受け入れることもある。商品の回転が速く、粗利が低く、リスクが高い食品産業において、損得を調整するにはコツがいる。しかし、これができる業者はマーケット・バスケットの友好な取引先になる。一度、そのコツさえ把握して、取引を繰り返すと、納入業者も〝マーケット・バスケット一家〟の一員のように感じ始める。一度信頼を得られれば、安定的な商品注文があり、協力関係ができる。

ファンティニの例は、納入業者の中でも非常に珍しい例のように見えるかもしれない。しかし、他の多くの納入業者も自分と同様、マーケット・バスケットに対して家族意識と強い思い入れを持っているとファンティニは証言する。彼は、マーケット・バスケットと何十年も取引してきた取引先の営業担当者の名を挙げた。その中には大手メーカーの社員の名もある。彼らは毎日十数社を営業して回る。しかし、マーケット・バスケットとの取引に重点を置くから、他の営業先との取引高は低い。納入業者が〝マーケット・バスケット一家〟に加わるのは珍しくはないが、「それができるのは、仕事に対する特別な倫理を持っているか、素晴らしい何かを築きたいという長期的目標を持つ奇特な業者に限る」とファンティニは言うのだ。

そのコミュニティをよりよくしていきたいというマーケット・バスケットの決意は、全員が共有する崇高な目標となった。また、〝マーケット・バスケット一家〟の一員であるという強い社会的アイデンティティは、逆境にも負けない団結力を生んだ。

しかし、抗議運動のような闘争の中では、目標や意識だけでは十分ではない。抗議集会で壇上のスティーヴ・ポーレンカがいみじくもこう叫んだ。「フェイスブックに『いいね！』をもらうだけでは十分じゃない。もちろんそれはありがたい。しかし、それでは何も達成できない。この会社を封鎖するのをみんなで手助けしてほしいんだ」。

ポーレンカが求めたのは、組織的な実践的行動だった。そして現に、彼が望んだ行動が起こった。

それは、マーケット・バスケットの従業員たちが決然として行動する訓練をすでにしていたからだ。仕事を前進させるためにやるべきことをやり遂げ、果たすべき役目を見つける自主性を、マーケット・バスケットの企業文化が従業員たちに持たせてきたからだった。

6「仕事はなんとしてもやり通せ」

ショーン・モーランは、マサチューセッツ州ウィルミントンにあるマーケット・バスケットの肉売場担当のパートタイム従業員で、マーケット・バスケットで働くようになって六年になる。モーランは高校生のときにマーケット・バスケットで働き始め、大学生になってからも引き続き働くことにした。

マーケット・バスケットの来店客数はとても多いから、モーランはあらゆる社会的地位の人々と接することになる。むろん彼はそれを楽しんでいる。

特に土曜日の午前中が好きだというモーラン。理由は「僕のお気に入りの馴染み客の大半がやってくる」からだ。その多くはモーランとおしゃべりするのを楽しみにしている高齢者たち。モーランは、彼ら顧客の名前をみんな覚えている。第二次世界大戦や朝鮮戦争での経験を持つ高齢者の話に、モーランは興味津々で耳を傾けるのだ。

モーランはパートタイムの従業員だが、終業時間を待ちわびるタイプの従業員ではない。自分の仕事と自分が働く会社に誇りを持っている。六年間も働いているから、担当する肉売場でリーダーシップを示せるほど十分な知識を持っている。彼よりも熟練度の低い仲間に教えることができることに満足感を覚えている。仲間に教えることは彼に課された任務ではないが、自分自身で見つけた役割だ。そうすることで、彼はチームに貢献しているのだ。

マーケット・バスケットの多くの従業員がそうであるように、モーランも勤務中は細部にまで注意を払う。そうすれば、ある製品のラベルが変更になったときや納品量が通常よりも異常に多い、または少ないときは、すぐに気づくことができる。マーケット・バスケットの企業文化では、気づいた人が遠慮せずに発言することになっており、このやり方によって、マーケット・バスケットの従業員の注意力は高まっている。

本書の取材でモーランにインタビューした同じ週、ロイズ社製の商品のラベルが変更になったことに彼は気づいた。この商品のパッケージは長方形で、これまでは短い辺と平行にラベルが貼ってあったから、冷蔵ケースに縦方向に並べた。最近ロイズ社はラベルのデザインを変更して長い辺に平行に貼るようになった。日ごろの習慣で、肉売場ではしばらくこれまで通りに商品を並べていた。これでは買物客からはラベルが読みにくい。モーランは売場主任のケヴィン・ブジュナウスキーに、ラベルが読みやすいように並べる方向を変えた方がいいと提案。ブジュナウスキーはその案をすぐに採用した。

おかしいと気づいたことがあれば、何でも指摘してほしいとブジュナウスキーが期待していることをモーランは知っていた。過去にもモーランの提案を喜んで聞いてくれたことがあったし、提案をすることに躊躇はなかった。このラベルの件はほんの小さなものだが、たとえばこのようにラベルを読みやすくしてあげれば、買物客が商品を探す時間を短縮し、商品を見つけられずに買わずに帰ってしまうのを防ぐことができる。粗利益率が低いビジネスでは小さな改善が大きな違いを生む。モーランは貢献せずにはいられないと感じており、自分の努力は必ず認めてもらえると思っている。

このような話はマーケット・バスケットでは珍しくない。

彼らの行動は、マーケット・バスケットの、一人ひとりが考えて行動することを尊重する〝権限委譲〟文化を示している。従業員の仕事はどれも重要で、会社の成功のために果たすべき各々の役割があると彼らは信じている。

言い換えれば、従業員それぞれの責任においてコトにあたる。そこには上司の指示待ちという消極的な姿勢はみじんもなく、あるのは上が下を信じて任せる信頼だけである。

権限委譲とは、従業員に手綱を預けることだ。上司は部下に意思決定の権限を積極的に与えなければならない。そうすれば、〝現場〟の最も近くにいて恐らく事情を最もよく知っているであろう従業員が、考え得る一番良い判断を下すことができる。

全従業員が自主性を持つ組織を作り上げるには、独力で決定する自負心を持っている、そうした人材を採用することが、まず肝要だ。しかし、より重要なことは、従業員の行動は組織全体に大きな影響があるという認識を共有し、率先して行動する人はきちんと報われるのだと、働く全員を納得させることである。

では、どのように納得させればいいのだろう。マーケット・バスケットは基本的に次の二つの方法で権限委譲をスムーズに行えるようにしている。

第一に、組織全体にリーダーシップを分散している。第二に、会社が絶えず従業員を見守っていることだ。

分散型リーダーシップのもとでは、会社の全員に果たすべき役目があり、誰もが影響力を持てる。

もちろん、経営幹部は優先事項を定め、方向性を示す。しかし、店舗やそれぞれの売場、各商品棚にさえも、組織の目標を達成するためにどんな手段を用いるかについては、かなりの自由裁量が許されている。どの従業員も自身のやり方で誰かの仕事の代わりを務められる。そう思って働いている。

一方で、分散型リーダーシップでは、責任をとる人物が誰であるかがはっきりしなくなるというリスクも考えられる。しかし、マーケット・バスケットは、強固な指揮命令系統を持つことと社内での相互コミュニケーションを促進することでこの危険性に対処している。

組織全体の業績に対して最終的な責任を取る人物は存在してはいるが、ボスの役目は、ほとんどすべての決定を下すことではない。その役目は、質問に答え、意見を取りまとめ、戦略を立て、多数の人々によるさまざまな決定事項がちゃんと整合性を持っているかをしっかり確認することだ。

スーザン・ビークは、マーケット・バスケットで十六年以上働くパートタイム従業員だ。おとなしい性格で、注目を浴びるのを好まない。しかし、強い信念の持ち主で、〝マーケット・バスケット一家〟をサポートすることに情熱を注ぐ。ウィルミントン店の、買物客のさまざまな問題への対処と、返品対応を行うサービスカウンターで彼女は働いている。ずっとその場に座っているだけに思われがちな仕事だ。仲間がなぜそんな係として働き続けるのかを聞くと、「働ければ、どんな担当でも構わない」と彼女は答える。

彼女はマーケット・バスケットの指揮命令系統を認識している。事実、ビークは自分の係を謙遜して短くこう説明する。「私はただの労働者よ」と。しかし、マーケット・バスケットのマネジメント文化について、彼女はこのように明確に表現している。「この会社にも序列はあるわ。でも、下に転がり落ちてくるのは（他社のように）悪いものではなく、良いものなの。良いものはすべて私たちに落ちてくる。そして、最終的には私たちのお客様が受け取る。私たちは懸命に働くことが求められるけれど、それに見合った恩恵は受けているの」。

この物静かなパートタイム従業員は、マーケット・バスケットのリーダーシップと非常に強い結びつきを感じている。他社の従業員が仕事上の階級について話すとき、その口調に、上司の上司にさえも距離を感じていると察せられるほどだ。しかし、ビークの場合はそうではない。組織図では、食品販売担当副社長のジョセフ・ロックウェルのような経営幹部から六階級ぐらいの隔たりがあるはずだが、彼女は必要とあれば彼に意見を言えるくらい近しい人物としてロックウェルのことを話す。

彼女はロックウェルを誠実で正直な人と言う。ロックウェルも店にやってくれれば、彼女に声をかける。ある日、サービスカウンターとは反対側で彼女に出くわしたとき、彼は「かごから出してもらえたんだね！」と彼女をからかった。

彼女は言う。「彼に何かを尋ねたら、必ず答えを返してくれる。それは求めていたものと違うこともあるかもしれないけれど、必ず答えとその理由が返ってくるのよ」。ロックウェルや他の経営幹部は従業員に向け、店舗をよりよくする方法について自由に意見を言うよう促す。経営幹部は、提案が客に奉仕する方法を改善したいという動機によるものであれば、何にでも喜んで耳を傾ける。

アーサー・Tが新経営陣に追放されて、二〇一四年七月、二人の新CEOが就任したときのことをビークはよく覚えている。社内は自由に意見を言える雰囲気ではなくなった。何人かの従業員は、新CEOの就任直後から多くの幹部社員が解雇された理由を尋ねる手紙を新CEOに送った。これらの手紙への返事はなかった。ビークは言う。「私たちはそういうことに慣れてないの。いつも必ず回答を受け取っていたから」。

マーケット・バスケットでは、働き手たちがいつでも何度でもコミュニケーションする。マーケット・バスケットの店長に面会を求めると、彼らが店長室から出てくることはほとんどない。たいていは売場のどこからか現れる。店員や売場主任と話をしているからだ。店長たちは指示を与えると同時に、何が売れて何が売れていないという情報を得ている。絶え間のないコミュニケーションと、それを元に継続的に改善する仕組みが動いている。これは、店長たちがより早くビジネスチャンスを見つけるのに役立つ。

たとえば、毎週月曜日にある商品がいつも欠品寸前になっていることに気づいた店員がその商品の陳列量を増やそうと副店長に提案することができる。店員のアイデアが検討され、そして、それが道理にかなっていれば、すぐにそのアイデアは試される。競合する多くのチェーンの店員がそのような提案をしたら、本部の誰かが作った棚割り表に従うよう指示されるだけだろう。

もちろん、抜本的な提案であればあるほど、それは実行可能か、どれだけ劇的変化を生むか予想できない。しかし、マーケット・バスケットの管理職者は、提案に理由がある限り、トライする価値を認め、その実施に敬意を示してくれる。上司とのこのような会話によって従業員に権限が委ねられる。コミュニケーションと権限委譲の結果として、従業員は、いかに会社の業績に貢献できるかを常に意識して働くようになるのである。自分たちの個々の行動は、客に奉仕し会社を成長させる大きな仕組みの一部であると彼らは信じているようだ。

経営幹部たちは、マーケット・バスケットの全員に果たすべき役目があると言う。最良の従業員は、自分の役目を見つけて任務を完璧に実行する人たちだ。このような人たちが昇格という形で報われる。

じつは、各自が必要に応じた役割を引き受ける、いわばこの日常習慣が、あの大規模抗議運動のときに劇的な効果を生んだ。

各従業員がそれぞれの役目につき、各自が考えた方法ですぐさま行動を起こした。すばやく立ち回ったのはマーケット・バスケットの経営幹部だけではなかった。第一線で働く従業員も自発的に行動したのだった。

従業員の自主性を尊重する権限委譲というものの背景に、次のような仕組みがマーケット・バスケットにあることも注目すべき点である。

それは、上司が部下を常に見守る、ということだ。これはオン・ザ・ジョブ・トレーニング

（日常業務を通じたトレーニング）を通して行われる。今日流行のトレーニング・プログラムというよりも、徒弟制度に似たコーチングや才能開発というようなもので、マーケット・バスケットはこうしたことを長年、実践し続けてきた。

営業推進スーパーバイザーのジョー・シュミットは、このトレーニング・プログラムについてよく知る一人。彼の現在の任務は効率的なレジ精算を実現することだ。他の競合チェーン店は、かかるコストをできるだけ抑えようとするが、シュミットはそうではない。何よりもレジを非常に重要な場所だと考えている。彼と店舗の責任者たちはレジ担当者にできるだけ迅速に効率よく動くように働きかけるだけでなく、客には人間同士として接するように促している。袋詰め係が卵を傷つけずに袋に入れれば十分なのではない。「商品棚から取り出したとおりの状態で家に持ち帰れるように袋に入れるように」と教えている。

シュミットの目標は、マーケット・バスケットで働く経験がその人の人格形成に役立つようにすることだという。ベビーシッターやレモネード屋台の売り子以外の仕事の経験がまったくないティーンエージャーにビジネスの運営方法を教えることに、彼はやりがいを感じている。だが、これら子供たちの中には最初の面接にTシャツ姿でやってくる者もいる。マーケット・バスケットで数か月間働くうちに彼らは変化する。マーケット・バスケットを最終的には辞めてしまう者でさえ大きく成長する。ステップアップ先の面接にワイシャツとネクタイで行くようになるほど、プロとしてふるまうようになる。このような個人としての、職業人としての成長は、シュミットの功績である。

採用の際、ティーンエージャーには豊富な職業経験がないので、シュミットは彼らの性格を注意深く見て雇用することにしている。「彼らに小売業の経験がなくても構わない。よい感じがする人、正直な人、積極的に学ぼうとする人を求めている。マーケット・バスケットにいたいと思う人を探している。そんな人を雇えば、あとは会社内の仕組みで成長させられる」。

シュミットがいう仕組みとは、絶えず見守ることを指す。十四歳でシュミットがマーケット・バスケットに入社したとき、経営幹部の熱意と知識に感銘を受けた。彼らはわずか数分で店の状態を評価し、次々と修正点を指摘できた。シュミットは昇進の各過程で、経営幹部からいろいろなことを学んだ。人間はフットボールや野球の厳しいコーチから受けた人生の教訓を記憶しているものだが、同じようにシュミットはかつての経営幹部から受けた教訓を頻繁に思い出す。

他の競合チェーン店では、売場の責任者は決められた通りに商品が棚に並んでいないと、店員にそのことを注意するだけだ。これも指導ではあるが、シュミットに言わせれば十分ではない。少なくともマーケット・バスケットの管理職に期待されているものではない。マーケット・バスケットでのよりよい指導法とは、次のように教えることだ。

「同じ種類の商品を一列に並べるんだ。そのとき、パッケージの色やラベルの色が同じものを隣同士にしてはいけない。なぜなら色や形の差をはっきりさせて商品を並べるほうが、お客様が見つけやすいからだ。そして必ず最後に、商品名や価格を記した棚札を付けたかを確認すること。こうするだけで、売上が一五〜二〇％増加するよ」

シュミットの真意は、間違いを指摘したり正したりするだけでは適正な訓練として不十分だということだ。「彼らに何を達成してほしいかを伝えられないなら、彼らに期待することは不可能だ」。上司は、間違いを修正した後、それがどれだけ買物客の役に立ち、会社のメリットになるかまでを説明しなければならない。うまく説明できれば、同じ間違いをしなくなる効果を生む。なぜならば、従業員はこれまでやっていたことが効果のないことで、より良いやり方がどういうものかに気づくからだ。

マーケット・バスケットは、コミュニケーションと分散型リーダーシップによって従業員に自分で考え行動する権限を付与している。その結果、マーケット・バスケットはより機能的に動けるようになる。多くの競合スーパーマーケットよりも市場の変化に素早く反応することができる。従業員たちは臨機応変に、必要なときはいつでもどこでも意見やアイデアを持ち寄って解決策を見つける。

その必要なときに力を貸したいと思う気持ちは、緊急事態でも発揮される。それは、従業員が状況に応じて立ち上がり、各自が持つ知識をもとに達成すべき目標に向かって自身のなすべき役目を見つけ出すからだ。これについては、ジョー・シュミットが、ハリケーンの中の帰宅に例えて、「それは頻繁には起こらないが、人の一番優れたところが見られる決定的瞬間のひとつである。なすべきことをなんとしてもやり通さなければならないのだから」と言った。そして「自分の役目を見つけられない者は、仲間をがっかりさせるだけだ」と。

あの抗議運動が迅速に、かつ効果的に推移していったのは、従業員たちが、このようなマーケット・バスケットならではの〝訓練〟を日々こなし、習熟度を増していたからこそ、と言える。

7 「我々は普通じゃない」

マサチューセッツ工科大学や、ハーバード、バブソン、ベントレーなど、ボストン地域にある多くのビジネススクールのいずれにも、米国で最も学識ある教授がいる。これら学者たちは、スーパーマーケットのように利ざやが小さいビジネスには参入するなと忠告するに違いない。さらには一級のウェブサイトがないとスーパーマーケットは成功しないと言うだろう。あるいは、経費削減のために買物客が自分で商品をスキャンするセルフレジを導入することを薦めてくれるかもしれない。薬局やレストランなどの施設を備えた大型店舗が流行っていると教えてもくれるだろう。

これは、大半の食品小売企業にとってよいアドバイスには違いない。しかし、アーサー・Tと彼の経営陣は、そのような知識に縛られていない。事実、アーサー・Tたちはビジネススクールで教える通念を一貫して打ち破っている。

業界紙『スーパーマーケット・ニュース』のジョン・スプリンガー編集長は、過去何年かの間に競合各社はビジネスモデルを変更したが、マーケット・バスケットはこの動きに追随しなかったと指摘する。「マーケット・バスケットの店舗は、人々が週末のまとめ買いをするための、大量陳列で大容量の商品を販売する昔ながらのスーパーマーケットだ」。大家族の買物に向いた店舗で、レジには食料品を大量に積んだショッピングカートが次々にやってくる。「これは、最近では見かけなくなった光景だ」とスプリンガーは言う。

その都度少しずつ購入する消費傾向に合わせ、競合各社は小さなパッケージの商品を多く販売するようになっている。中には、週に何度も来店して、一度に一、二食分の食事を購入するのに適した店づくりをしている店もある。

これとは反対に、店舗の大型化に向かう傾向もある。これら店舗では、さまざまなサービスを付け加えている。たとえば、調剤薬局、大型のカフェ、サンドイッチショップ、レストランなどだ。マーケット・バスケットは、この傾向にも逆らっている。

教科書とはかけ離れたマーケット・バスケットのやり方は、厳しい競争環境の中で優位に立てる最適な場所を探し当てたとも言える。食品小売市場は、その都度買物に行くのに向いた高粗利の店と多様なサービス部門を設けた大型店に二極化している。一方、マーケット・バスケットは、週ごとのまとめ買いをする客層に奉仕する方法を進化させ、これらの客に力を集中し続けることを選択した。

業界のトレンドと距離を置くことは、マーケット・バスケットにとって企業方針であるばかりではない。この我が道を行く生き方は、企業文化に深くしみ込んでいるのだ。事業のやり方が独特で、部外者にはこの会社のやり方は理解できない。他社でうまくいったから自社に採用しようと決める人々には、マーケット・バスケットの運営方法はまったく参考にならない。

では、このような既存の考えに流されない生き方はどこから来たのだろう。それは、いくつかの意外な源泉から生まれた。

一つ目の源泉は、マーケット・バスケットの歴史だ。ボストン大学のジェームス・ポスト名誉教授は、マーケット・バスケットが歩んできた道を「勤勉で忍耐強く、決然とした移民のストーリー」ととらえている。遡れば、アーサー・Tの祖父アサナシオスとその妻エフロシーネは自分たちの勤勉さと機知で生き抜かねばならなかった。夫婦はときにリスクを冒した。その最たるものが、食料品店を開いたことだ。この度胸と自らの頭で考え知恵を駆使して生き抜く力は、テレマコスとジョージに受け継がれ、さらにはアーサー・Tや他の孫世代に伝わった。ポスト名誉教授は、アーサー・Tは「移民してきた食料品店主の孫であるという自分の血筋」を見失わなかったと分析する。この血筋が、あえて独自の道を行く生き方を醸成した。

もう一つの源泉は、マーケット・バスケットが奉仕し主な顧客としてきた人々である。マーケット・バスケットは常に中所得や低所得の人々が主に住む地域で営業してきた。創業間もない頃は、客は工場労働者たちだった。工場が移転すると、住民の職業はいくらか変化はしたものの、マーケット・バスケットの方針は変わらなかった。つまり、教科書的知識よりも、置かれた環境で生き残る臨機応変さを重視する。これらの地域には、経営学修士（ＭＢＡ）や博士号を持つ人は少ない。米国の国勢調査では、ボストン市では四四％が学士以上の学位を持つのに対して、ローウェル市では学士はわずか二二％にすぎない。多くの人は大学に行きたくても、経済的、あるいはその他の理由で行くことができないのが実態だ。その事実以上に、これら地域では、ビジネスについての教科書的知識の多くは非実用的で的外れだと考える人々が少なからず存在する。

マーケット・バスケットにパートタイムの袋詰め係として働き始め、管理職に昇格していくのは、こうした人々だ。彼らはビジネスに関する大量の知識を持つが、教科書的な解決策には懐疑的である。

マーケット・バスケットの既存の考えに流されない考え方の最後の源泉は、人材を社内から登用するという点だ。他社は優秀なビジネススクール出身者を採用する。このような会社では、社員が望んでいた地位にポンと新卒の経営学修士が就いた途端に、その社員の昇進の夢は消え去ってしまう。

他方、マーケット・バスケットはビジネススクール卒業の人材を採用することはない。マーケット・バスケットには経営学修士を持つ人から多数の願書が送られてくる。しかし、志願者たちはマーケット・バスケットが社内登用の固い信念を持っていると知ると、落胆する。マーケット・バスケットでは、誰もが同じように袋詰め係やショッピングカート整理係などからスタートしなければならないからだ。

マーケット・バスケットの昇進は年功序列ではない。昇進は会社への功績に基づくと幹部社員たちは口をそろえる。社歴の長さを評価はするが、それを昇進の基準にすることはほとんどない。この仕組みは、武道の昇格とやや似ている。現在のレベルに要求される技術の習熟度を示すと、上の階級に進めるというわけだ。

社内登用と功績に基づく昇進制度が存在するから、従業員は昇進するには、問題を解決する能力を示して、機会をつかむしか方法はない。昇進の可能性が社外からやってきた高学歴者に奪われることはないことは従業員皆が知っている。競争相手は見える範囲内にいる。それは、隣の売場を担当する店員だったり、隣町の店長だったりする。マーケット・バスケットの家族意識がこの競争をなんとなく友好的なものにしている面はあるが、それでもなお競争は激しい。従業員は、会社が買物客によりよく奉仕するのに役立つ新しい方法を考え出すことで自身の能力を示していく。
会社の歴史、店を取り巻く地域特性、社内登用の原則——。これらはいずれも、通念に影響されない独自の考え方を重んじるというマーケット・バスケットの企業文化を形成するのに役立っている。

独自性を重んじるマーケット・バスケットの企業文化を体現している代表的な社員といえば、地域スーパーバイザーのトム・トレイナーだ。

彼は相手の目をじっと見つめながら慎重に話をする。いわゆる目でモノを言う古風なタイプで、体裁のいい口先だけの話など誰にとっても単なる時間の無駄だと考えている。

あの夏の抗議集会で壇上に立ったトレイナーは、プロアイスホッケーチーム、ボストン・ブルーインズのファンの掛け声「クマ（註：ブルーインズはクマの意）に手を出すな」をよく口にした。この短い言葉に彼が込めた意味は、野生のクマと同じく〝マーケット・バスケット一家〟にも、余計な手を出さずに今までどおりの生き方をさせてくれ、ということだ。なぜにマーケット・バスケットを壊そうとするのだ——と。

もっともトレイナーは人との付き合いにおいても非常に厳しい人物として知られており、合理的な理由がない限り、誰もトレイナーというクマ（？）に攻撃などしかけはしないが。

トレイナーは若い頃から、こうと決めたらそれに向かって突き進む一本気なところがあった。優秀な高校生だった彼は、ローウェル大学（現在のマサチューセッツ大学ローウェル校）に合格し、学費の全額を支給される奨学金を受けることが決まった。大学は彼のような生徒がほしかったのだ。

高校四年間と大学の最初の二年間、トレイナーはアルバイトでマーケット・バスケットで働いた。この職場のワクワク感といろいろなことに挑戦できる点が気に入っていた。彼は食品小売業に魅了された。

大学三年生に進級し、勉学の道にきちんと戻ろうと思ったが、トレイナーは退学することを決断した。教室で学んでも、授業に心から熱中したことはなかった。彼には別の強い衝動があった。それは食品小売業だった。必然的な運命なのに、それを先延ばしにすることには何の意味もないと考えた。

トレイナーは、何であれ「すべてを賭ける」のが好きなタイプで、このときもそうだった。二十歳の彼は、大学を中退してマーケット・バスケットでキャリアを積むと両親に宣言した。当然のことだが、両親はその考えは無鉄砲だと思った。しかし、トレイナーの決意が揺らぐことはなかった。彼はマーケット・バスケットの仕事には自分の情熱を注ぐことができること、勤勉さと実行力を上司からすでに評価されていることを両親に説明した。しかも、会社の業績は非常に盤石だった。そこには将来性があった。

両親は、彼の考えに同意したのか、彼が頑固で決意を曲げないと悟っただけかははっきりしない。しかし、彼の決意を応援することにした。

彼は前だけを見て前進し始めた。彼はパートタイムの袋詰め係からパートタイムの加工食品担当になった。そして、フルタイムになり、加工食品売場の売場主任、レジ主任、副店長、そして複数の店舗の店長を歴任した。今日、トレイナーはマーケット・バスケット全店のうちの半数を統括する職務を担っている。

トレイナーがニューハンプシャー州セイレムにある店の店長に昇格して間もない頃のことだ。アーサー・Tの父テレマコス・デモーラスが彼に声をかけた。

「私はまだ君の店を見ていないね」とテレマコス。

「はい、まだです」とトレイナーは答えた。

トレイナーはそう答えながら、すでにテレマコスの〝点検〟に合格するため、彼が訪問してくる前に自分がしておくべきことを考えていた。

通常、テレマコスは定期的に各店を訪れ、修正箇所などを指摘した。一店舗あたり年に数回、テレマコスがやってくる。店舗にやってきたテレマコスは容赦がなかった。細かい点までチェックした。そして、遠慮なく指摘し、完璧を求めた。

テレマコスと会話を交わしてから一か月もしないうちに、トレイナーはメシュエンにある店舗の店長から電話をもらった。テレマコスがいま店にやってきたから、次の訪問先は君の店だろうとの連絡だった。直前の修正を加えるのにあと二時間もない。

しかし、トレイナーは心配していなかった。彼の店は最高の状態だったからだ。「まるでオープン初日のように、ひとつの乱れもないように見えた」。

やってきたテレマコスは、トレイナーとにこやかに挨拶を交わし、一緒に売場を歩き始めた。

〝点検〟が始まった。当時、まだ冷蔵の陳列棚はなかったため、ほとんどのマーケット・バスケットの店舗ではリンゴやナシをテーブルに積み上げていた。テレマコスはトレイナーに、果物を冷蔵していない理由を尋ねた。トレイナーは口の中が乾いてきた。「うちの他の店もやっていることですが」と答えた。

果たしてこれは、テレマコスが満足する種類の回答ではなかった。

トレイナーはそれからの数時間を青果売場の商品を並べ替えることに費やすことになった。売場がよい状態になりつつあるのを見て、テレマコスはトレイナーに言った。

「今日、何かを学んだかね」

「はい」

「じゃあ、何を学んだか、言ってみなさい」

「はい、私が学んだのは、この店では私は既存の考えにとらわれずに考えなければいけない、ということです」

他の誰もがしているからという理由で何かをすべきでない——このことはトレイナーの胸に深く刻まれた。

何年か経ち、トレイナーが店長として三店目の店を任された頃にも、彼は依然として新しい視点で物事を見ようと努力していた。

当時、マーケット・バスケットでは、ちょうど茹《ゆ》でエビの皿盛の販売を始めたばかりだった。しかし、冷蔵保存が必要な茹でエビを作業室の冷蔵庫に保管していたため、客は新商品に気づかなかった。そこで、トレイナーは木製の台を持ってきて、氷を敷き詰め茹でエビの皿盛を並べた。この急ごしらえの陳列によって、茹でエビは客の目を引くようになった。これはうまくいった。商品はよく売れ、トレイナーの創意工夫は経営幹部から称賛された。

じつは、他のマーケット・バスケットの店舗でも同様の陳列をすでに行い始めていた。他の店長たちも同じようなことを考えたとみえる。いずれにせよ、この小さな革新が、会社全体の売上を向上させた。

このようにして、マーケット・バスケットでは数々の改革が行われる。「売場主任でもフルタイムの売場担当者でも、店舗の誰かが何か新しいアイデアを思いついたら、そのアイデアに耳を傾ける心の広さがなければならない」とトレイナーは言う。

この例が示すとおり、既存の考えにとらわれないようにすると、競合企業よりも先に新しいアイデアにたどり着ける。と同時に、管理職者にとっては、ともすれば競合他社の真似をしたくなる誘惑に打ち克つこともできる。

たとえば、顧客を特定できるポイントカードへの対応を考えてみよう。

このような種類のポイントカードを研究した結果によれば、〝八〇対二〇の法則〟が完全に当てはまることがわかっている。どういうことか説明すると、通常、利益の約八〇%が約二〇%の客からもたらされるといわれるのだ。そのため、多くの企業が、その二〇%に属する客を特定したいと懸命になる。仮にあなたと私がその二〇%に属しているとすると、我々が競合他社の顧客にならないように、より多くの特典が提供される。一人ひとりの客の購買行動を追跡する一般的な方法は、顧客が特定できるポイントカードやクレジットカードに一定期間の購買履歴をリンクさせることだ。おそらく多くの小売店でこのようなカードをみたことがあるはずだ。そのような店では、買物客に優先順位をつけている。なぜそのようなことをするかと言えば、この手段を用いなければ、あまり利益をもたらしてくれない客に奉仕するために多くの労力と費用を掛け過ぎてしまうのを防ぎたいわけで、と同時に、高い利益をもたらす客を十分に維持することができなくなるのは困るからなのだ。

とはいえ、実際のところ、スーパーマーケットの場合は、〝八〇対二〇の法則〟が当てはまるだろうか。少し事情が異なるかも知れない。マーケット・バスケットの場合はなおさらそうである。というのも、マーケット・バスケットの買物客の大多数が、マーケット・バスケットのみで一週間の買物をする。ということは、一週間当たり百ドルから二百五十ドルほどの買物をする固定客が、数万人、あるいは数十万人いると考えられる。何を買うかは各家庭で異なるが、マーケット・バスケットにもたらす利益率の面ではこの固定客層の大半の世帯はほぼ同じである。

マーケット・バスケットはこの事実を認識しているから、各家庭の購買履歴を追跡する小売業界のトレンドには無関心だ。マーケット・バスケットにはポイントカードはない。客を区別することは無意味なので、客を購買金額別に階層分けするつもりはない。マーケット・バスケットはどの買物客に対しても、同じ値引き、同じレベルのサービスを提供する。二〇一四年には年間通じて、全店で全商品を四%引きにした。しかも、他のセールやクーポンによる値引き後の金額に対して四%引きを適用した。

ポイントカードを提示しなければ割引が受けられないやり方はナンセンスだと、マーケット・バスケットのある従業員は主張する。「ポイントカードなしで値引きしてくれればいいのに。なぜ住所や電話番号など個人情報が必要なの?」と客は感じているはずだと彼は言う。マーケット・バスケットの従業員たちは、この種のポイントカードは、客のプライバシーに首を突っ込み過ぎであることに加えて、やや陰険なプログラムだと思っている。

少し驚くことに、ポイントカードを導入しないことは、マーケット・バスケットに二つのメリットをもたらしている。ひとつは、プログラムを運用するのに必要な人件費が節約できる。購買データを分析する人材や技術にかかる費用が年間数百万ドルにおよぶ企業もあるほどだ。

それよりも重要なことが、客のマーケット・バスケットに対する信頼度や愛着度の向上につながる点だ。客を平等に扱うことが、他の小売店では客が階層化され、階層ごとに提供される割引やサービスが異なる。けれども、マーケット・バスケットなら、来店したすべての客は、ちゃんと敬意を払ってくれる店をついに見つけたと感じられる。ポイントカードを導入せずに購買履歴の追跡をしないことは、他店にとっては時代遅れのやり方に見えるかもしれないが、マーケット・バスケットの状況やビジネスモデルには合っている。成功しているのだから。

マーケット・バスケットの各店舗の住所や特売情報を知りたいと思ったら、mydemoulas.comという簡素なウェブサイトを見るといい。このウェブサイトはマーケット・バスケットが所有・運営しているサイトではない。マイケル・デヴェィニーという一人の客が開いたサイトだ。以前、彼は、マーケット・バスケットの特売の最新情報を得るのに苦労していたため、自力で情報を得てそれを公開するようにしたのだった。なんと彼は現在フルタイムの仕事として、この非公式サイトの運営をニューハンプシャー州コンコードの自宅で行っている。

「マーケット・バスケットに関する情報なら、このサイトだよ。皆が気に入ってくれているんだ。僕が作ったサイトを多くのお客さんたちに閲覧してもらいたいと思っている。このサイトを運営していることを誇りに思う」とデヴェィニーは言う。

彼の主な仕事は、週ごとのチラシとクーポンをサイトに掲載することだ。しかし、時を経て彼のサイトは進化し、今では店舗の所在地や惣菜売場のメニューなどの情報も盛り込まれるようになった。マーケット・バスケットの沿革さえも紹介している。月間の閲覧者数（ユニークビジター数）は百二十万人にのぼる。これは、個人のウェブサイトとしては、驚くべき数字だ。

当然ながらマーケット・バスケットの情報に対する需要はある。現にデヴェイニーはこう言っている。「何ならマーケット・バスケットが私のウェブサイトを買ってくれて、私をこの任務から解放してくれ、引き継いでくれたらうれしい」と。しかし、現在のところ、それにかかるコストが、得られる利点を上回るとマーケット・バスケットは考えている。確かに専門的なウェブサイトを運営するのには多額の費用がかかるものだ。加えて、幹部社員のインターネット経験はほぼ限られている。なにより、ウェブサイトを運営することは、アーサー・Tが重視する「人を大切にし、心から人に奉仕する」という考えに反することになる。

今日、洗練された大手企業がウェブサイトを持っていなかったら愕然とされるだろう。意志をもって群れから距離を置くマーケット・バスケットの稀有な決定は、この企業の独自性の文化を雄弁に物語る。しかしながら、万が一にでもマーケット・バスケットがウェブサイトを開設することがあるとしても、大手スーパーマーケットのウェブサイトとは大きく異なるものになるのは確かだろう。

2014年7月8月と、抗議運動は、ますます大きな拡がりをみせていった。 ©Lowell Sun/David H. Brow

第3章

数百万人の蜂起

二〇一四年の夏中、マーケット・バスケットの抗議運動はほぼ毎日、新聞の一面を飾った。ボストン・グローブ紙では十数人の記者が取材にあたった。テレビのニュース番組でも連日、最新情報を報じた。ニュースは海を越え、遠いニュージーランドでも報じられた。六週間にわたった抗議行動の期間、グーグルは毎週この事件に関して八十件から百件の記事を掲載した（通常はグーグル・ニュースに載るマーケット・バスケットの記事はほんのわずかだ）。

そのような膨大な報道にもかかわらず、メディアはマーケット・バスケットで起こっていることを言い表す端的な表現を見つけられなかった。

これは「職場放棄」だろうか――。

いや、職場を放棄した社員はごく少数で、大半は労働時間を減らされ、やるべき作業がなくても出勤していた。

では、これは「労働争議」だろうか――。

これも違う。マーケット・バスケットに労働組合はないし、管理職や経営幹部など通常〝労働者〟とみなされない人々も、この抗議運動に加わっていた。

ならば、「消費者の不買運動」だろうか――。

確かに不買運動だが、通常の不買運動は、企業への不満から起こる。しかし、これは企業を支援するためだった。

まったくもって、この事件には適切な表現が見当たらない。「僕らも何と呼んでいいのか、わからない」とジム・ファンティニは言った。彼は先に紹介したパンの納入業者で、フェイスブックの『セイブ・マーケット・バスケット』やブログ『ウィー・アー・マーケット・バスケット』の発案者&実施者である。

この抗議運動は、政府に反旗を翻すなどという類のものではなく、言うならば愛する会社を救うための市民の不服従運動だ。これは〃集団的不服従〃の一種といえる。

表現は何にしろ、前代未聞の運動だったことは間違いない。二〇一四年八月にはマサチューセッツ州とニューハンプシャー州全域とその周辺州に及ぶ大運動にまで拡大した。

この抗議運動の間じゅう、職場や、銀行や、ニューイングランド地方の古風な町の目抜き通りの衣料品店など、さまざまな場所で、マーケット・バスケットは話題の中心だった。この地域の住民は、何千人もの人々の生活が危機にさらされていると憂えていた。彼らは、古くからの友人のように思っているひとつの企業が終わりを迎えるのではないかと心配した。

この抗議運動のあらゆる局面で、それを実行し成功させる基盤になったのが、これまで述べてきたマーケット・バスケット特有の企業文化の四本の柱である。

すなわち地域社会への貢献、家族意識、従業員の自主性を促す権限委譲、既存の考えにとらわれない独自の問題解決法。これらが、この運動の成功に必要な士気や、団結力や、工夫して対処する力を与えた。

＊

8 あらかじめ計画された攻撃

はじめは、マーケット・バスケットの株主（八人）は、いずれもデモーラス家の次男ジョージ、もしくは三男テレマコスの子孫かその配偶者だった。

ジョージの息子で、アーサー・Sの兄であるエヴァンが一九九三年に交通事故で亡くなった後、妻であるラファエラとその娘がエヴァンの持つ株式を相続し、株主は九人になった。ラファエラと彼女の娘が所有する株式は合わせると一五％ほどだった。彼女たちの所有分も、ジョージの法定相続人、つまりアーサー・S側の株式五〇・五％の一部であった。

しかし、ラファエラはテレマコスの息子アーサー・Tの経営能力を高く評価していたので、ずっとアーサー・Tを支持していた。テレマコスの法定相続人であるアーサー・T側が所有する株式は四九・五％と過半数ではなかったが、ラファエラとアーサー・Tが連立して株主会の過半数を握っていた。

ところが、理由は不明とされているのだが、彼女が突然、アーサー・Tと手を携えるのをやめることにした。この一人の株主の心変わりがその後に起こる紛争の引き金を引いた。

マーケット・バスケットの取締役会は七人の取締役で構成されていた。彼ら取締役は当然、株主によって選出されるから、株式の過半数を握る派閥がより大きな影響力を行使できる。取締役の交代のたびに、アーサー・Sをはじめとするジョージの遺族は自分たちの味方になる取締役を任命しようと躍起になった。ラファエラが心変わりして間もなく、新たな取締役を任命することになった。それまでの均衡が崩れる初めての機会だった。そして、果たして彼女の心変わりが会社の命運を大きく左右することになった。

アーサー・Tに味方するある取締役は次のような説明をしている。「デモーラス家の事業にかかわってきたアーサー・T派のグループが、競争が激化する業界で着実に生き残り、事業を拡大しようと利益の一部を再投資してきた十年の間、アーサー・S側の株主たちの欲望が満たされることはなかった。ところが、（ラファエラの）心変わりで形勢が逆転し、アーサー・Sたち事業にかかわってこなかったグループが会社を支配。金銭的な欲望を満たそうとするようになったのです」。

ついにアーサー・S派は取締役会を支配する側に立った。

アーサー・Sは取締役に復帰し、以前からアーサー・S派だった取締役のキース・コーワンが取締役会会長に就任。取締役会は、流動資産からより多くを株主に配当しようと動き始めた。経済紙『ウォールストリート・ジャーナル』が記したとおり、彼らは「CEOのアーサー・Tを退任させようと裏で結託した」。

そのような状況を呈していたのは二〇一三年、季節が春から夏に変わる頃のこと。

会社の業績が好調を続けているにもかかわらず、新しい取締役会がアーサー・TをCEOのポストから解任しようとしていることが徐々に明白になっていった。

取締役会がこれまでとは違う方向に会社を導こうとしていることを、アーサー・Tは気づいていた。アーサー・Sたちが目指そうとしている方向は、これまで何十年もかけて形成されたマーケット・バスケットのビジネスモデルや企業文化とは対極にあった。

やがてアーサー・Sは、CEOとしてアーサー・Tは不適格だと非難する目的で、自分に味方するメンバーを通じてボストン・グローブ紙に接触し、いくつかの記事でアーサー・Tに圧力をかけようとした。

アーサー・Sが同年六月に自分の正当性を主張して裁判を起こしたのも、さらなる圧力を加えるためだった。取締役会がアーサー・Tを解任しようとしていることを公表するために、最初の会議の議事録をわざと訴状に添えて提出した。ボストン・グローブ紙はアーサー・T側に近い人物にコンタクトをとり、その陳述内容についてコメントを求めた。記者からの問い合わせがあったことで、アーサー・Sが論争を公にしようとしているのだとアーサー・Tは悟った。

当時、アーサー・Tが、ボストン・グローブ紙とローウェル・サン紙のインタビュー申し込みを受け入れてくれることになり、本書の著者の一人（ウェルカー）はローウェル・サン紙の記者としてインタビューに臨んだ。

アーサー・Tはテーブルの向こう側に座り、彼のトレードマークのスーツと白いワイシャツにえび茶色のネクタイを締めていた。彼と幹部社員数人は、アーサー・T在任のこの五年間にマーケット・バスケットが達成した業績を説明した。売上高は二十四億ドルから四十億ドル以上に増加した。従業員数は、フルタイムとパートタイムを合わせて一万四千人から二万二千人に増えた。一方で、売上に占める人件費率はアーサー・TがCEOに就任した直後よりも減少し、約一〇・四％になった。利益率はあらゆる規模のスーパーマーケットの平均を上回った。

彼らは、株主についての最近の経緯を話したうえで、一九六三年にテレマコスが導入したこの会社自慢のプロフィット・シェアリング（利益分配制度）が、対立側の思惑で存続の危機にあることを説明した。

そして、アーサー・Tは、日頃思っていることを述べ、自分の立場を主張した。彼はマーケット・バスケットの企業文化について、さらにはマーケット・バスケットでの「人を大切にし、人に奉仕する」という考えを維持し浸透させることに努めてきたことを話した。また、他社が行わない独自の方法で低所得の買物客に奉仕して地域社会を支える重要性や、ほとんど技能を持たないティーンエージャーを一人前の職業人に磨き上げて世に送り出していることを語った。

多くの人と同じくアーサー・Tは、マーケット・バスケットを〝家族〟と表現した。「この組織には家族的雰囲気がある」とアーサー・Tは述べた。あらゆる階級の従業員が、マーケット・バスケットは自分たちが一生関わっていく企業だと思っている。アーサー・Tはマーケット・バスケットを生涯で唯一の職場にしたいともちろん望んでいたし、従業員の中にも、定年退職する日までこの会社で働き続けることを望む者は多かった。「私を退任させることは、当社にとって何を意味するだろうか」とアーサー・Tは疑問を投げかけた。

アーサー・Tは予見される自分の解任を「あらかじめ計画された攻撃」と言い表した。

社内の敵対する派閥や新たな取締役会が彼を辞めさせようとしている理由を、（ウェルカーは）アーサー・Tに尋ねた。すると、自分も正当な理由を知りたいと彼は答えた。むろん、自分に対する批判の核心が何かは、アーサー・Tはわかっている。株主の何人かはアーサー・Tが無頓着なお金の使い方をしていると非難した。また、アーサー・Tの情報公開は不十分で、親戚との取引が多すぎるという点についても批判した。

テレマコスとジョージが生きていた頃、〝マーケット・バスケット一家〟に属する建築会社の数社が、マーケット・バスケットの店舗建築の多くを請け負っていたことがある。

マーケット・バスケットが拡大期の初期に入店したショッピングセンターのいくつかは、デモーラス家と関連ある企業が所有し、マーケット・バスケットはそれをリースして借りていた。これら企業は信頼できる提携先となり、マーケット・バスケットの成功に大きな役割を果たしたのだが、こうしたことが今頃になってほじくり返されて、足を引っ張られる材料になった。

しかし、アーサー・Tにとって家族的な組織は、彼の経営哲学の基本理念だ。その価値を彼は長い時間をかけて証明してきた。「当社は、絆を育て、それを深めようとする企業だ。それが当社の強みだ。互いに少しずつ教え合う。それが私たちに染み付いたやり方だ。私たちがやっていることは私たちにとってプラスになることだ」とアーサー・Tは言う。自分は会社を代表する立場で、どのような場合でも会社のために最高のいい条件を引き出し、誠実に経営を行う義務を全うしているのだと。

それに対してアーサー・Sと取締役たちは、来たるべきCEO解任についての投票を、より透明性のある説明責任を獲得するためと位置づけた。特に、取締役会は、従業員に対する気前のいいプロフィット・シェアリング（利益分配制度）と臨時賞与に着目し、これらを攻撃目標とした。

アーサー・Tは、それにはまったく反対の立場で、プロフィット・シェアリング（利益分配制度）や賞与を経費ではなく投資と考えていた。

アーサー・Tは言った。「それを無頓着な無駄遣いというならば、実行犯は私だ」。

二〇一三年七月十日、アーサー・Tは幹部社員たちを集めた。アーサー・Tが幹部社員全員に向けて話をするのは珍しいことではなかった。しかし、何人かはこの会議はいつもと違うと感じていた。なぜなら、その日が休日の社員も呼び出されていたからだ。

彼らを食堂に集め、アーサー・Tは会議を始めた。取締役会のメンバーが変わり、自分を解任し新CEOに交代することが次の取締役会の主な議題に上がっていることを自分の口から直接、みんなに知らせたかったのだとアーサー・Tは語った。それだけを言い残し、アーサー・Tは立ち去った。

直後、食堂は沈黙に包まれた。出席者たちはショックだった、そして信じられなかった。就任から五年間すばらしい業績を残しているCEOを取締役会はなぜ解任するのか。幹部社員たちは、自分たちのやり方は成功するビジネスモデルで、ちょうど本領を発揮しつつあるところだと確信していた。それにアーサー・Tのことを全員が心底慕っていたので、そんなことはあり得ないという疑念が強い怒りに変わった。彼らは取締役会の意図が知りたかった。

幹部社員たちはアーサー・Tからの告白の後、すぐに話し合いを行った。積極的に発言する者が相次ぎ、トム・トレイナーもその一人だった。アーサー・Tが従業員からどれだけ人望があるかを示すために、大勢で取締役会に抗議に行くべきだとトレイナーは提案した。「店長や幹部が揃って（次回取締役会に）顔を出したら、それには深い訳があるはずだと取締役たちは当然理解するだろうと思ったのです」と提案の意図を、トレイナーは後日振り返っている。

次回取締役会はその翌週開かれる予定だった。わずか八日後だ。トレイナーはそれまでにできるだけ従業員をはじめとする大勢の人に事態を知らせたかった。「次の木曜日、取締役会の会場に行こう!」。トレイナーは最も信頼する周囲の人々に声をかけて回った。そのうちの一人が、パンの納入業者のジム・ファンティニだった。もちろんファンティニは協力に同意、ソーシャルメディア（SNS）に頼るのも効果的なのではと提案してくれた。

そして、二人は『セイブ・マーケット・バスケット（マーケットバスケットを救おう）』の名でフェイスブックのアカウントを開いた。じつは、トレイナーはまったく馴染みのないSNSの世界に決然と取り組んだのだった。と言うのも、トレイナーはマーケット・バスケットで使用するコンピューターの扱いには慣れているが、個人のフェイスブックを持ったことはなかったし、現在も持っていない。当時、ウォール投稿またはタイムラインが、メッセージを投稿したり他のメッセージを閲覧したりする場所であることさえ知らなかった。彼は主に自分の娘に聞きながら、一から学ばねばならなかった。

とはいえ、彼自身は四苦八苦したが、大半の従業員はフェイスブックを問題なく使いこなせるのだ。それなら従業員が集まれる中心的な場所がぜひとも必要だった。

急がなければならなかった。ファンティニとトレイナーは可能性がありそうなことはほとんど何でもやるつもりだった。

ファンティニの妻でウェブデザイナーのニコルは、複数のURL（wearemarketbasket.comとsavemarketbasket.com）の購入と、これらサイトをリンクする手助けをした。あるサイトに入ると、自然に別のサイトにも行けるようSNSを統合するこの方法で、これらSNSの存在が自然に広がる可能性は高まった。

さらに、ニコルがさまざまな署名活動を支援する陳情サイトがあることを思い出し、「署名活動を始めてみたら」と提案したのを受けて、トレイナーとファンティニはそれに全力を傾けた。まるで商品の販売促進を計画するように、オンライン署名の目標値を設定した。期間が短いことと従業員数が限られていることから、目標五百件が妥当だと思った。陳情サイトにページを設け、フェイスブックに署名依頼の文章を載せた。

署名を求めるアカウントを開設して数時間後、署名数を確認した。その数は十件だった。ファンティニはさらに署名が増えることを祈ってベッドに入った。翌朝、なんと署名数は一万件に増えていた。その後も「署名数は急増し続けました」。店舗の中には、従業員や買物客に署名を呼び掛けるチラシを配布した店もあった。取締役会が行われる次の木曜日までにその数は四万五千件以上に達した。

「こうして、大勢が参加する活動が始まったんです」とファンティニは言う。SNSは、抗議運動を行う人々にその後も効果をもたらし続けた。「僕たちは手段を手に入れた。SNSは、戦いの中で我々の思いを表現する声となり、情報を入手し自分の考えを示す道となった」。人が次々と参加し、勢いが増していった。

取締役会が近づくにつれ、アナリストたちは近年堅調な業績を示しているのにリーダーの交代がなぜ必要なのか疑問を持った。

小売コンサルタント会社マクミラン・ドゥーリトル社のニール・スターンはマーケット・バスケットを「真のサクセスストーリーのひとつ」と呼び、「なぜこんな好調な時期に波風を起こそうとするのだろう」と不思議に思った。他のアナリストたちも、CEO交代は永遠に消えない痛手をマーケット・バスケットに与えることになると懸念した。

マーケット・バスケットとデモーラス家を同義語ととらえる人は多い。店名からデモーラスの名を外しマーケット・バスケットにして何十年も経つのに、いまだにデモーラスで買物するという人がいるほどだ。マーケット・バスケットの評判のよさは、デモーラス家なしには語れない。だが、そのことが諸刃の剣になっているとファミリービジネスの研究者たちは考えた。

ファミリービジネス協会の共同創設者で、かつコンサルティング・グループのメイジ社社長のジェフリー・デイヴィスは、マーケット・バスケットのこの争いは代々続くファミリービジネス、ことに成功する企業の内紛が、いかに会社の発展を損ない、企業イメージを傷つける可能性があるかを示す事例であると説明しながら「ファミリービジネスを築くことは難しいが、壊すのは簡単だ」と。次のCEOがアーサー・Tと同様に成功するかどうか、その可能性については「同じことが二度起きるとは限らない」と述べた。

それでも、取締役会はアーサー・TのCEO交代の可能性を公表した。「もし解任しないなら、(取締役会のメンバーは)単に会議を開いて無駄口を叩いていただけのことになる」と、ノーザン大学ファミリービジネス・センターの常任理事であるテッド・クラークは言った。

社内の内輪もめが社外に広まったため、もはや既定路線を覆すことが難しくなっていた。マーケット・バスケットのような争いは犠牲が大きくなる可能性がある。法的手続き費用を支払い、渉外・広報スタッフを雇用しなければならない。経営幹部がこの問題についての説明に忙殺されて通常業務の時間がとれなくなることも予想された。

しかし、何よりも事態を深刻にしていたのは、不気味に迫る取締役会の決議が従業員や買物客を不安にさせていたことだった。

従業員たちは、気前よく支払われる賞与や家族的な雰囲気の日々が失われてしまうかもしれないことに心配を募らせた。買物客は、愛する店が、もしも高粗利と低いサービスレベルの安っぽいビジネスモデルに転換してしまったら、接客レベルの低下に加えて食卓に上る食品が少なくなると不安がった。


取締役会議事録は、アーサー・Tと一部の取締役との考え方の違いを知る貴重な資料だ。実際のところ、アーサー・Tはここ何年も、アーサー・S側の取締役メンバーと口論を続けてきていたが、議事録には、アーサー・Tの取締役会との関わり方について、数人の取締役が問題提起したことが記録されている。

たとえば、あるアーサー・S側の取締役が、取締役会に諮らないで契約を結ぶ権限がアーサー・Tにあるのかと疑問を呈した。特に、所定の金額以上の契約を結ぶ場合にはCEOは取締役会の許可を得るようにすべきだと。これは具体的には、アーサー・T主導で新店の出店プロジェクトが進んでいることなどを指したもので、大きなお金もそれに伴いすでに動いていた。しかし、これについてアーサー・Tは、土地開発者や町、そしてそれらとの認可に関わるデリケートな問題であったため、明らかにしなかったと説明した。

アーサー・Tは、CEOとして契約を速やかに結ぶ権限が必要であり、手間と時間のかかる承認手続きは、好機をとらえて柔軟に交渉する自分の技量を妨げると考えていた。柔軟な行動ができなければ好機をつかみ損ねると反論後、父親が言った言葉を思い出して、彼はさらにこう付け加えた。「完璧な人はいないことを心に刻みながら、いつも個人的に信頼する人を探し見つけて、そういう人を何人か持っていることが大切なのだ」。自分はミスもするが、高打率を維持しているとアーサー・Tは主張した。

このような意見の不一致はどの企業においても異常なことではないことは記しておく必要がある。CEOを監督することは通常、取締役会の任務の一部だ。ただし、不動産購入や戦略的提携などといった大きな責任をCEOに委ねる必要があるかどうかは、各社の取締役会が独自に決めなければならない。取締役会とCEOの間で、監督権限の全体的レベルはどれぐらいが最適かを話し合っておく必要がある。

繰り返すが、取締役会とCEOとで本質的な意見の不一致は普通だし、むしろ健全なことだ。しかし、マーケット・バスケットの場合、いくつかの会議での議論はより劇場的になり、取締役数人と経営幹部からの代表者たちの間の敵意がむき出しになった。取締役会メンバーの仲間割れは和解不能な状況だった。

マーケット・バスケットは長年、アンドーヴァーにあるウィンダム・ホテルで取締役会を開催してきた。アンドーヴァーはマーケット・バスケット本部のあるトゥークスベリーに近い町だ。州間高速道路九三号線を降りてすぐ。もと工業団地があった地区の中をまっすぐ伸びる長い私道の先にホテルはあった。

取締役会の結果を心配して集まったアーサー・Tの支持者にとってこのロケーションは最適だった。私道の長さは半マイル（八〇〇m）あり、大勢の支持者が側道に列を成すのに十分だっ

2013年7月、アンドーヴァーのウィンダム・ホテルで開催された取締役会に参加するために到着したアーサー・T。彼が解任されるのではないかと心配していた支持者たちは、窓越しに彼と握手した。取締役会の主導権が、彼のいとこでライバルのアーサー・Sに移ってから開かれた最初の取締役会だった。©Lowell Sun/David H. Brow

た。そこで待ち受け、敵対する取締役の車とわかればブーイングをし、味方には声援を送った。高速道路を通るマーケット・バスケットのトレーラートラックはこの地区を横切るとき、応援のクラクションを鳴らした。やがてアーサー・Tを助手席に乗せた車がやってくると、皆が手を振り、群がり、窓越しに彼と握手をした。

彼ら支持者は暑い屋外で待つことになった。七月十八日の気温は三二℃を超え、午後には雷雨になる恐れがあったにも関わらず、結論を聞くまでの十二時間以上もこの場にとどまった。支持者のひとりはこう言った。「私たちに寄り添ってたくさんのことをしてくれた人のために、私たちができるせめてものことだから」。

彼らは、マーケット・バスケットが店を構えている各地からやってきた。バスでやってきた者もいた。その人数があまりに大勢だったため、アンドーヴァー警察はホテルに向かう人々を監視しなければならないほどだった。ホテル自体に警察が介入することは、この場合はできなかった。警察官たちの多くは、ホテルの会議場の外で見張った。支持者の中には、マーケット・バスケットのTシャツを裏返しに着て、警察官の目を欺き、ホテル内に入ろうとした者もいた。警察官はそれを見抜き、ホテルに入ろうとする人を止め、ホテルの宿泊客かどうかルームキーを確認するようになった。

会議は密室で行われた。アーサー・Tの四人の子供、他の家族たち、支持者の一部は、その日のほとんどをホテルのロビーで過ごし、結果を待ち続けた。

アーサー・Tは何度か、自身や経営幹部用におさえておいた部屋と取締役会会場との間を行き来した。ロビーの先にあったその部屋に、取締役会の休憩時間になると移動した。その際、家族や経営幹部、渉外関係の専門家と言葉を交わした。ときには支持者に声を掛けたりもした。取締役会の休憩のたびに見せるアーサー・Tの様子から議論が白熱しているのは明らかだった。決然としているように見えるときもあれば、ほとんど落胆しているように見えることもあった。こうした状況が夕方遅くまで続いた。

ついにアーサー・Tやその他の取締役が姿を現した。十二時間以上が経過した後、アーサー・Tは辛くも最悪の事態を回避することに〝成功〟した。取締役会はアーサー・TをCEOに留めるか否かの議案について票決をいったん据え置いたため、彼はこの時点ではCEOのままだった。それでも支持者たちは勝利のように感じた。

アーサー・Tは喜びというよりは安堵した表情で、待ち構えていた大勢の人々とハグや握手を交わした。従業員たちは肩を組み、その肩にアーサー・Tを抱え上げて座らせた。アーサー・T

は彼らに向かってこう言った。「決して君たちを忘れない」。そして叫んだ。「君たちは最高だ。君たちを絶対に置き去りにしたりはしない」。

アーサー・Tの車の近くにスティーヴ・ポーレンカのピックアップ・トラックが駐車していた。そのそばを会場から去るアーサー・Tが通りかかった。ピックアップ・トラックはこのときすでにアーサー・Tを支援する人々が演説をする急ごしらえの舞台として使われていたが、ポーレンカはアーサー・Tに向かってこう声をかけた。「いつか、それは今週や今月ではないかも知れませんが、きっといつか、あなたがこのトラックの荷台に乗って勝利のスピーチをする日がきますから」。

全社に発表された声明文の中で、アーサー・Tはこの結果を「喜んでいる」こと、そして今後も取締役会と「建設的に」協力し合いたいと述べた。

アーサー・Tはひとまず、最初の戦いで生き残った。

取締役会は決議を回避したものの、アーサー・Sと彼の派閥の取締役は、アーサー・Tを失脚させて会社を支配する固い決意を持ち続けていた。取締役会がその翌月、幹部級人材の紹介を行うスペンサー・スチュアート社に接触したのも、CEO交代に向けた第一歩とみられた。

社内に何か重苦しい空気が漂っている中、キース・コーワンらアーサー・S派の取締役たちは、あの取締役会からほどなくして、全従業員に向けて書状を送った。その書状には、取締役会は「純粋にマーケット・バスケットの最善を考えて」さまざまな決定をしているのであり、取締役会はマーケット・バスケットの企業哲学である〈さらなる価値を〉というテーマを「変更する計画はない」こと、従業員のためのプロフィット・シェアリング（利益分配制度）に「取り組むことを再確認した」ことが記されていた。さらには、従業員の愛社精神、献身的な仕事ぶり、そして「マーケット・バスケットに対する強く前向きな想い」に感謝が述べられていた。

そして、書状の最後は次のように結ばれている。「私たちもあなたたちも、誰もがマーケット・バスケットの最善を望んでいます。そして、今後もニューイングランド最大のスーパーマーケットとして繁栄し続けるために専心していくことを固く約束します」。

だが、この書状は従業員の気持ちをなだめる役には立たなかった。

何日か後、この書状に対する従業員の思いが綴られた返信が取締役らのもとに届いた。手紙には「不安と怒り……が私たちの心の中に刻み込まれた」と記されていた。

フェイスブックのページ上で何百人もの従業員が署名したこの手紙は、「会社の業績がいいにも関わらず、アーサー・Tを辞めさせる方向に動いている理由は何か」、「後任を誰にするつもりか」、「プロフィット・シェアリング制度を継続するつもりか」などと問うものだった。そして辛辣にこう言い添えてもいる。「ご自身の姿を現されることを謹んで要求します。陰に隠れていないで、すばらしい米国企業を破滅させようとしている者に加担している理由をお聞かせください。我々が騙されてインチキ商品を販売しているとお考えなら、ぜひ我々にその事実をお示しください」。

ＣＥＯを信頼する従業員と、ＣＥＯを解任したい取締役たちとの間の感情のぶつかり合いが、はっきりと表面化した。

従業員たちは会社に脅威を与えると思うものに対抗して、初めて強く団結した。

このとき従業員たちはまだ気づいていなかったが、この二〇一三年の夏に示した抗議の行動は、間違いなく翌年の大規模なあの抗議騒動へと続く助走だった。

仲間のコミュニケーション・ツールとしてのSNSの活用という新たな戦術を実験する機会も彼らにもたらした。従業員たちは自分たちの発言力に気づき、管理職者たちは取締役会と直接対峙する自分たちの力量に自信を持った。

何よりも、彼らはこの抗議行動によって、これまで直面してきたどの戦いよりも大きな戦いに立ち向かう準備ができたといえる。

9 すべてを賭ける

アーサー・Tは何千人の従業員に支えられながら、なんとかCEOの座に踏みとどまっていた。しかしながら、それもわずかな期間に過ぎないと思われた。取締役会はアーサー・Tを辞めさせる計画をあきらめておらず、アーサー・Tとその周囲の経営陣に対する圧力を徐々に強めていった。

会社のビジネスモデル全体を変えるため、取締役会は本腰を入れて着々と準備を進めていた。それは、あらゆる領域に及んだ。具体的には、株主への巨額の配当金の即時支払い、そのための借り入れ、さらにはプロフィット・シェアリング（利益分配制度）の見直しが計画されていた。こうしたことが実現となれば、マーケット・バスケットは、本質的に競合店とあまり変わらない店になるはずだ。

抗議運動以降、取締役会の会場はボストンにあるプルデンシャル・タワーに移された。そこには、権威ある法律事務所ロープス＆グレイがある。七月にアンドーヴァーのウィンダム・ホテルで開催された取締役会のときのような事態を防ぐため、会場は変更されたのだ。ここでは多くの従業員がワーッと集まることはできない。そこで、二〇一三年九月の取締役会開催日には、選ばれた従業員代表が、ビルに入ってくる取締役たちに嘆願するために静かにロビーで待つことになった。

その代表のひとりがマサチューセッツ州バーリントンにある店舗の精肉売場の責任者、スコット・パテノーデだった。何時に取締役が到着するか、どの入口から入るか不明だったので、代表者たちは朝早くビルに到着し、すべての方向を注意深く確認しながら待った。パテノーデは、あなたたちが目指すビジネスモデルは大勢の人々を傷つけることになる、と取締役たちに伝えたかった。

ついに取締役たちがやってきた。先にアーサー・Tと彼を支持する取締役のビル・シアとテリー・カールトン。彼らはロビーで待つ従業員代表者たちと短い会話を交わすために立ち止まった。しかし、次に姿を見せたアーサー・Sは「君らの質問には答えないぞ」とだけ言って足早に通り過ぎて行った。パテノーデによれば、取締役会会長でアーサー・S派のキース・コーワンは「歩くスピードすら緩めなかった」。パテノーデと他の従業員代表たちは、こうした態度を取締役たちの傲慢さと受け取った。会社のほとんど全員を傷つける決断をしようとしているにも関わらず、従業員たちの声をまったく無視したように感じたと、彼らは振り返る。

取締役会はアーサー・Tを排除し、おそらく会社を売却する計画に進むことは明らかだと、幹部社員たちは確信した。多くの幹部社員は、最悪の事態に備え始めた。

彼らの一人、トム・トレイナーは、多くの幹部も感じていたように、アーサー・Tを支援すれば自分は解雇されるだろうと予測した。しかし、彼は家族にこう話したと振り返った。「アーサー・Tは私たちに非常によくしてくれた。その彼が今、我々の助けを必要としている」と。

抗議運動は、徐々に大規模化すると同時に、人々の気持ちはまずます強まっていった。機先を何とか制して、これから起こることを阻止したいと従業員たちは力を結集した。

労働時間外の従業員とコミュニケーションをとる方法はすでに見つかっていた。トレイナーに管理する役目が任されていたあのフェイスブックのアカウント『セイブ・マーケット・バスケット』を、従業員たちは再び活発に利用し始めた。フェイスブックのアカウントを持たない人々でもアクセスできるようにブログ『ウィー・アー・マーケット・バスケット』も開かれていた。SNSの存在は、活動メンバーがコミュニケーションを交わし、アイデアを共有し、抗議集会や他の活動を実行するうえでの重要なプラットホームとなった。取締役会が何かを公表するたびに、トレイナーたちはフェイスブックやブログで酷評した。従業員たちは「ゲスト・ブログ」に力強い支援の言葉を書き記した。

一方、これらに対抗するように、取締役会メンバー数人が二〇一三年十一月、ニューヨークの広告代理店の力を借りて、自分たちのウェブサイト dsmboardinfo.com を開設した。このサイトは今は閉鎖されているが、取締役会がCEOを差し置いて独自のウェブサイトを持つことは極めて異例なことだった。そのサイトには、「マーケット・バスケットのコーポレートガバナンス（長期的に企業価値を向上させる企業経営の仕組み）について、取締役会から正しい情報を提供するため」と開設意図が記された。

しかしながら、アーサー・Tの支持者たちはこのサイトの情報は不正確だと思った。実際、アーサー・T派の取締役のシアとカールトン、そして経営幹部たちも、このサイトの存在自体を断固として認めなかった。なぜなら、このサイトの内容構成はひどく〝いびつ〟だった。たとえば、あるページに新店開店の最新情報を掲載しているかと思えば、別のページではマーケット・バスケットには「蓄えられた十分な資金がある」として、株主に三億ドルを支払う決議の理論的根拠を示した。さらには、利益率は前年よりも小さくなるという予測を示した。アーサー・Tや他の経営幹部は、取締役会が非上場企業の資金繰りや利益率の情報を開示したことに憤った。

また、このサイトには「よくある質問」のコーナーも設けられていた。アーサー・Tは留任するのかという質問に対しては「取締役会は現在新たな経営者を探していない」との回答を載せた。この文章は後日削除されたものの、この回答には、アーサー・Tの支持者たちはうんざりした。数か月前に取締役会が人材紹介会社に依頼することを承認する決議を行ったことを知っていたからだ。この回答は、取締役会が正直でないことを表すものであり、一緒に協力できそうな相手ではないと示す証拠だと、彼ら支持者たちは感じた。

アーサー・Tの支持者数人は、アーサー・S派の取締役に対する電子メール作戦を実行しようと決めた。そのうちの一人が従業員代表のあのパテノーデだ。取締役に質問や意見を浴びせる作戦に、いったい延べ何人が参加したのか、パテノーデは把握していない。それほど多い人数だった。

彼はその時のメールの一部を見せてくれた。約一年にわたるメールの中には厳しいやり取りもあったことがわかる。取締役ロナルド・ウィーナーとのメールでは、パテノーデが報酬委員会の決定について懸念を示した。この報酬委員会は取締役によって組織され、ウィーナーも含まれていた。「あなたと同じく〝高学歴〟のみなさんには、もっとましな決定を期待していました。……あなた方報酬委員会は家族を養う私の能力に大きな影響を与えます。報酬委員会に私利私欲を求めるよそ者が多いならば、私には知る権利があるはずです。私の考えでは、あなたと取締役会は〝森をみて木を見ず〟です。つまり、企業の利益ばかりみて、個々の従業員のことをみていないということです」と、パテノーデは書いて送った。

二十分後、ウィーナーがこう返信した。「親愛なるスコットさんへ。想いを伝えてくれてありがとう。あなたの主張は、誤った情報による偏った考えです。ところで、その表現は正しくは〝木をみて森を見ず〟です。では」。

別のやり取りでは、パテノーデはウィーナーにこう書いた。「僕たちは諦めるつもりはありません」と告げた後に、「あなたが取締役を辞任したという知らせを待ちわびています。よい一日を」。六分後に来たウィーナーの返信には、「誰も頼んでいないのに、癪に障る人物で居続けてくれて感謝します。すばらしい一日を」とあった。

シンディ・ウェランはニューハンプシャー州エッピング店の女性店長だ。十七歳からマーケット・バスケットで働く勤続二十六年のベテランで、夫もマーケット・バスケットの元社員（子供の面倒をみるために退社した）。彼女も電子メール作戦に参加した一人である。理由は、「彼らの言い分」を知ることができるし、意見交換の場が持ちたかったからだ。一方で彼女は、取締役たちが認識しているよりも事態はずっと入り組んでいることを取締役たちに伝えたかった。取締役会は近視眼的で、会社の体制が変わっても、幹部社員と従業員だけに影響が及ぶものと考えているふしがあったから、と彼女は言う。「私が取締役たちに言いたかったのは、影響は従業員だけに及ぶのではなく、買物客にも及ぶし、地域社会、消防署、学校などさまざまなところにも及ぶということなの。マーケット・バスケットをこねくり回したら、地域の全員が巻き込まれるのよ」。

たとえば、エッピングには二百五十人以上を雇用する職場は三か所しかない。彼女が店長を務めるエッピング店は、そのうちの一つで、五百人近くを雇用する。彼女は店長として、警察署など地元組織と親しい関係を築いてきた。彼女は万引きの問題で警察署を頼りにしているし、警察署がマーケット・バスケットに協力を求めることもある。過去に、近くで事件があったとき、エッピング店は、警戒中の警察官に水と食料を提供した。

ウェランが、アーサー・S派の取締役の一人とメールのやり取りを始めたのは二〇一三年十月だった。ウェランは、取締役会のメンバーと直接意見交換ができることを喜んだ。最初のメールは、重役らしい建設的な文面だった。二人は何度かメールをやり取りした。ただ、他の店長も彼女と同じくらいの頻度で同じ取締役にメールを送っていたはずなのに、この取締役が他の店長にではなく自分だけになぜメールを書き続けるのか彼女は不思議に思った。けれど、取締役会の中に自分の意見を聞いてくれる人がいることを彼女はうれしいと思った。

ところが、やがて、この取締役からのメールはどんどん「自己防衛的」になり、ときには「恩着せがましい」ものになっていった。そしてしまいには、店長の分際で取締役に議論を吹っ掛けるとは生意気な、とメールで侮辱され非難され、彼女は「恐怖を覚えた」。それでも、彼女はメールで訴え続けることはやめなかった。その取締役は一か月ほど返信を断った後、辛辣なメッセージを再度送りつけてきて、その後は一切のメールが途絶えた。

戦いは法廷にも及んだ。

アーサー・T側は、事態の打開をはかって、二件の訴えを裁判所に起こした。

一つ目は二〇一三年九月、株主に対する三億ドルの支払いを阻止する目的で仮差し止め請求。二つ目は二〇一四年二月、取締役会会長のキース・コーワンを取締役会から解任し、これまでの彼の投票を無効にしようとしたアーサー・Tの訴えだった。

しかし、二件とも担当したサフォーク高等裁判所のジュディス・ファブリカント裁判官は、電子メールや財務書類などの提示を要求するディスカバリ（民事訴訟上の情報開示）手続きに入るのには十分な証拠がないとし、いずれの件も棄却した。

アーサー・Tとマーケット・バスケットのために抗議運動を繰り広げる人々にとって、不利な判決が下ったうえに、これらの判決には、反証や不服申し立ての余地がまったく残されていなかった。

そして、二つの判決結果は、抗議運動に打撃を与えると同時に、アーサー・TをCEOから引きずり下ろすアーサー・Sたちの企てを、さらに後押しするのに十分だった。

抗議運動を行うアーサー・Tの支持者たちは、法廷ではこの会社を救えないことを悟った。目標を達成するには、自分たちの手で問題に立ち向かうしかなかった。

二〇一三年夏の最初の反乱から一年が経過し、二〇一四年の夏が始まろうとしていた。従業員たちは落ち着かない日々を過ごしていたが、アーサー・Tを守ろうと固く団結していた。取締役会が開催されるたびに、アーサー・Tの解任が現実味を帯びてきた。それでも、二〇一四年六月二十三日、アーサー・Tはこれまでそうしてきたように取締役会に向けて準備をし、その日の朝六時前から、彼は取締役会に提示するマーケットシェアの数値をまとめる作業をした。

だが、それから六時間も経たないうちに、アーサー・TはCEOではなくなっていた。取締役会は、アーサー・Tが最も信頼する最高経営幹部、ウィリアム・マースデンとジョセフ・ロックウェルも、同時に解雇した。

三人の離職のニュースが本部オフィスに伝えられると、即座に従業員三人が荷物をまとめて出て行った。翌日にはさらに四人が会社を後にした。

取締役会は、アーサー・Tの後任として、新たに二人の人物を共同CEOに任命した。共同CEO自体も珍しいが、このような異常事態に二人のCEOを任命することはさらに異例だった。経済誌『フォーチュン』が全米の企業を総収入でランク付けし上位五百社を発表する「フォーチュン500」に過去二十五年間にランクインした企業のうち、わずか二十二社が過去に会社の舵取りを二人の人間に任せてみた経験を持つ。しかし、この試みの大半は失敗に終わっている。ただし、マーケット・バスケットの新CEOは二人とも業界における長年の経験があった。

共同CEO兼COO（最高執行責任者）に就任したフェリシア・ソーントン女史の前職は、ノレッジ・ユニバースUS社のCEOだ。彼女は、有名百貨店のノードストロムの取締役や、大手スーパーマーケットのアルバートソンズとクローガーで経営幹部として働いた経験を持つ。

共同CEO兼CAO（最高総務責任者）に就いたジェームス・グーチは、それまで家電チェーンのラジオシャックの社長だった。それ以前は、ディスカウントストアのKマートや総合小売チェーンのシアーズでさまざまな役職を歴任した。さらに言えば、彼のかつての上司（彼がラジオシャックでCFO＝最高財務責任者＝だったときの上司）は、このときデレーズ・グループの取締役であった。デレーズはアーサー・S側が所有するマーケット・バスケットの株式を購入すると目されているベルギーの世界的企業だ。

ソーントンが店舗運営全般を担当した。グーチは財務とITの責任者になった。両者はマーケット・バスケットの経営を任されるのに先立ち、この会社の相談役に就いた。両者は三年間の年俸が保証される契約を結んだが、専門家はそれぞれの年棒金額は百万ドルから三百万ドルの間と試算した。

初日、二人の新CEOは別々の車で出社してきた。彼らは何が起こるか予測がつかなかったので、ボディガードを連れてきた。これが、多くの本部スタッフに今後の暗雲を印象づけたうえに、コンピューターの専門チーム十数人まで引き連れてのお出ましだった。

この様子を見た社員たちが目の前の現実を受け止めかねたとしても無理はない。トレイナーやトム・ゴードンたちは、信じられない顔つきで彼らを見つめた。

マーケット・バスケットは人事異動を軽々しく行う会社ではない。実際、本部にある幹部社員用の個室のうち、最もよい個室二室は何年も空室になっていた。誰もこの二部屋を使いたいと要求しなかった。というのは、一方の部屋はテレマコスが二〇〇三年に亡くなるまで使用していた所で、もう一方は上級副社長だったジュリアン・ラコースが二〇〇七年に死去するまで使っていたからだ。二つの部屋はまるで、プロアイスホッケーチーム、ボストン・ブルーインズのボビー・オア選手とプロバスケットボールチーム、ボストン・セルティクスのラリー・バード選手の引退時の背番号のように、その後使用されることはなかった。それが尊敬の示し方なのだと従業員は思っていた。

そのテレマコスとラコースの部屋に、マーケット・バスケットの駐車場でショッピングカートを一度も片づけたことがない人たちが入った。それは、幹部社員ですら一度も見たことのない光景だった。新CEOの二人がこの部屋を自分の個室として利用するのに加え、これまで自分たちの会社の象徴であった人物にこの二人がとって代わったということに、誰もが到底納得できなかった。

数か月も前から予期していたことではあったが、それでもトム・トレイナーはこの状況を見て、「腹に一発お見舞いされたようだった」と言う。彼はブログ『ウィー・アー・マーケット・バスケット』に感想を投稿したかったが、この時の感情を言葉にすることはほとんど不可能だった。

「心が空っぽになった」とトレイナーは語った。

激しいショックを感じたのは彼だけではなかった。上級管理職者、店長、他の従業員たちは頻繁に電話をかけあった。多くの店長が、連帯の気持ちを示すために店を閉めると申し出た。それは崇高な考えであっても、民事責任問題になり、損害賠償を求められるからと他の管理職たちがなだめた。この時点で、唯一彼らが意見を同じにしたことは、アーサー・Tを復帰させることであり、そのためには集団行動を起こす必要があるということだった。

次の二週間は不安に包まれた。

この時期、新CEO二人は控えめな態度を保っていた。経営幹部たちに対しても物静かで穏やかな態度で接した。地雷原に足を踏み入れつつある彼らはできる限りゆっくりと慎重に歩を進めた。新CEOの片割れソーントン女史は社内の状況を自分に報告するチームを作ろうとして、密かに社員一人ひとりに接触し始めた。トム・トレイナーとトム・ゴードンにも声がかかった。彼女はトレイナーに、この会社のもっと重要な役職につきたくないかと尋ねた。彼は驚愕した。彼は尊敬する大切な先達三人を同時に失ったばかりだった。それなのに、彼らの後任になれと言われているのだ。「失礼を承知で言いますが、私はまだあなたの下で働けるかどうか不確かですし、それに昇進にはまったく関心がありません」とトレイナーは彼女に告げた。そして、その日の午後、トレイナーはマサチューセッツ州チェルシーにあるマーケット・バスケットの最大店舗の前で千人以上の大集会を扇動したのだった。

驚くことに、新CEOのソーントンとグーチは直接報告を上げる人を探すこと以外、本部の誰にも自己紹介することすらしなかった。たとえば、どちらのCEOも本部で働くバイヤーのところに一切やってこなかった。彼らはマーケット・バスケットの売場の棚に並ぶ全商品の五〇%近い商品を仕入れる責任を負っているというのに。もしかしたら、CEOたちは、上級管理職者の感情を害してでも、社内の指揮命令系統に包囲網を張りたいがために猫を被る必要があり、それゆえ、社員と直接話さなかったのかもしれない。ただし、この無干渉的なやり方は、マーケット・バスケットの文化とは正反対だった。新CEOたちは自分たちの方が優れていると思っているから距離を置いているに違いない、と本部にいる従業員たちは解釈した。

この二週間、新しいCEOは数々の会議を開催した。六月二十五日の水曜日には、店長たちと電話会議を行った。両CEOは店長および副店長だけと直接話をし、本部にいる上級管理職者たちは一切参加させなかった（上級管理職者の中には近くの店に電話会議を聞きに行った者もいた。店長たちが彼らを誘ったのだった）。この会議で、ある店長が従業員を辞めさせる計画はあるかとCEOたちに質問した。ソーントンとグーチはその計画はないと答えた。

実際、解雇は、多くの従業員が一週間以上気にかけていたことだった。

アーサー・Tが解任される約一週間前の六月十六日、アーサー・S派の取締役であるジェラール・レヴィンがインディアンリッジ・カントリークラブに行った。このゴルフ場はマーケット・バスケットが所有している。その運営の委託先をスターリング・ゴルフ・マネジメント社に変えるためだった。ゴルフ場のスタッフとマーケット・バスケットの従業員の関係は親密だ。運営委託先の変更で、ゴルフ場の数人のマネージャーが解雇されるだろうと従業員たちは思った。まず解雇されることになる人物は、おそらくこのゴルフ場の総支配人のチェリ・ノーラン。ノーランはこのゴルフ場で四十二年間も働いてきた。

レヴィンがスターリング社の社員と警察官たちを数人引き連れてやってきたのは、ちょうど募金イベントを開催している最中だった。それを見たノーランはマーケット・バスケットの上級管理職者だけでなく警察・消防にも電話した。上級管理職者たちはSNSを使って、従業員のみんなにゴルフ場に集合するよう呼び掛けた。主に店舗から何百人もの従業員がゴルフ場に集結し、それからの一週間というもの、ゴルフ場の駐車場で毎日、抗議集会を行った。マーケット・バスケットの従業員たちは、「ゴルフ場のスタッフは〝マーケット・バスケット一家〟の守るべきメンバーなのだ」と訴えた。

抗議の声の大きさにたまりかね、取締役会と新CEOは、この案件から手を引かざるを得なかった。翌日、新しい体制側から声明文が出た。それには、「取締役会はチェリ・ノーランとすべての従業員に謝罪する。チェリ・ノーランをはじめとするマネージャーたちは現職にとどまるものとする」とあった。

これは、従業員たちの運動の新たな勝利には違いなかったが、みんなの気持ちが傷ついたのは紛れもない事実だった。「不安定な中で過ごすのはつらい」とノーランは言った。

なによりも、この対立は、「新CEOは信用できない」という感情を多くの従業員に与えた。ある店舗マネージャーがこう言った。「アーティ（アーサー・T）は私たちに一度も嘘を言ったことはない。その答えに常に満足するわけではないけれど、アーティは絶対に嘘は言わなかった。ところが、今度のCEOは就任直後から私たちに嘘をついている」。

会社の事務所には、深い不安が漂っていた。「(アーサー・T解任直後の) 数週間は私がマーケット・バスケットで働いてきた中で最悪の期間だった」と受取勘定担当スーパーバイザーのリンダ・クーリスは振り返る。クーリスは本来エネルギッシュでおしゃべりな女性だが、この期間、すべきことを考えあぐねた。彼女はアーサー・Tや会社の他のリーダーたちに強い愛着を持っていた。アーサー・Tについていた元重役のウィリアム・マースデンが解雇された日、できる限り大勢にお別れを言おうと、彼が社内を歩き回っていたのをクーリスは覚えている。もはや長居をすると不法侵入とみなされてしまうだろうから、皆とのお別れを短く切り上げなければならない、とマースデンは詫びていた。

新CEOに関しては、事務所のスタッフは信頼を置くどころか、その真意すら疑っていた。CEOは二人とも、マーケット・バスケットとは何の共通点もない大企業でキャリアを積んだ人たちで、さらに重要なことは、どの観点から考えても、おそらく最終的にはこの企業の売却という結論になるのは明らかだった。買収されれば、本部機能は買収先に統合されるのが常だ。

支払勘定担当スーパーバイザーのバーバラ・パケットは、自らの感情を次のように表現した。「彼らは私たちのためにいるのではない」。多くの従業員がそうであるように、彼女はマーケット・バスケットと深い縁があった。彼女の夫、父親など何人もの家族がマーケット・バスケットで働いている。マーケット・バスケットの業績が健全で、さらにトゥークスベリーに本社があり続けることに、彼女の将来はかかっていた。そうでなければ、「失うものがあまりに多すぎる」。

店長との電話会議の翌週、新CEOのソーントンとグーチは管理職者会議を招集した。これまで、管理職者会議はインディアンリッジ・カントリークラブの大会議室で開催されるのが通例だった。しかしこの日は、本部ビルに隣接した物流センター（商品倉庫）の小さな会議室で開かれた。その部屋は参加する人数の半分しか収容できないので、半数ずつに分けて二回会議が行われることになった。うち数人を両方の会議に出席させたのは、CEOが管理職者全員に一貫した話をしていたと納得させるためであった。

一つ目の会議では、ソーントンとグーチが五分ずつスピーチした。その後、質疑応答を行った。二つ目の会議も同じ構成だったが、今度はグーチが先にスピーチした。彼らは対話によって疑惑が一掃されることを願ったことだろう。

マーケット・バスケットの従業員は遠慮なく発言するが、大きな会議の席上で上司と対立するような企業文化はない。上司に対する質問や反対意見は、一対一のときか、小グループでのミーティングのときに発せられる。ところが、今回の会議は違った。参加者はソーントンとグーチに対して、取締役たちとの話し合いの内容やCEOとしての心構えなどについて次々と質問を浴びせかけた。

たとえば、「売却先と目されている会社と関わったことはありますか。もしくは、その会社がどこか知っていますか」と質問した。これに対してソーントンとグーチは質問をかわしてこう返答した。「それは株主が決めることです」。さらに追及して、買収について知っていることはあるかと問うと、グーチはないと返答した。

また、「あなた（ソーントン）はオレゴン州から、あなた（グーチ）はミネソタ州からきましたが、家族をこちらに呼び寄せる予定は?」と訊いた。ソーントンとグーチはいずれもあいまいな返事をした。ソーントンは、大学生の息子と寄宿舎にいる息子がいるので、ニューイングランドに引っ越すと決めるには少し時間がかかるだろうと言った。グーチは、妻がこの週末にマサチューセッツ州にやってくると答えた。

会議を終え、参加者の多くは、二人のCEOが何かを隠している印象を持った。正直さや誠実さを重視するマーケット・バスケットの文化では、新CEOのような態度は、信頼に背いているように見えるのはもちろん、弱さを露呈しているようにも見えた。そのうえ、彼らの回答は、会社を長期的に導くためでなく、売上を促進する目的でCEOに任命されたのだろうと印象付ける結果を招いた。

アーサー・Tの奪還を目指す八人の幹部社員たちが、毎朝五時に非公式な〝会議〟を開くようになった。八人とは、ジョー・ガロン、トム・ゴードン、ディーン・ジョイス、マイク・ケッテンバッハ、ジム・ラコース、スティーヴ・ポーレンカ、ジョー・シュミット、そしてトム・トレイナーだ。

主に本部長などを務める彼らは、取締役会にメッセージを伝える方法、会社の支配を取り戻す方法などを話し合った。

最初、彼らは事務所内で会合をしていたのだったが、ほどなく、話し合いの場を屋外の人目に付かない場所に変えた。そこは本社屋の外のごみ置き場の脇。こっそりと話し合うにはおあつらえ向きだったし、すすんで自らの手を汚そうという気概のある彼らにぴったりの場所だった。

「ごみ置き場八人組」と誰かがジョークを言った。

計画はシンプルで、彼らの要求もシンプルだった。その要求とは、アーサー・T、そして一緒に解雇された重役たちを復帰させることだ。この要求が受け入れられなければ、会社を封鎖する。それが、秘密裡に進めた八人組の作戦だった。

抗議運動中の“元・幹部社員”たち。一番左はアーサー・Tが解任された翌日に自ら辞職したデイヴ・マクリーン。その隣からは、ストライキ開始2日後に解雇された「八人組」のジョー・ガロン、ディーン・ジョイス、ジョー・シュミット、トム・ゴードン、トム・トレイナー、スティーヴ・ポーレンカ、ジム・ラコース（マイク・ケッテンバッハは写真には写っていない）。写真の8人の勤続年数を合計すると260年を超える。©Lowell Sun/David H. Brow

封鎖する最も効果的な方法は、店舗そのものを閉鎖することではなく、物流センターから店舗への供給を遮断することだ。そうすれば、店舗運営コストをかけながら、売上にダメージを与えることができる。ただ、この作戦を実行するとなると、物流センターで働いている七百人の従業員に強い影響や被害が及んでしまうため、それを力強く守る従業員二万五千人全員からの幅広いサポートが必要だった。

八人組は本部スタッフ全員を食堂に集めミーティングを開いた。そして、彼らの計画を明かした。新CEOがマネージャー一人をクビにしたら、全員がストライキをしようと彼らは訴え支援を呼びかけた。もしも不賛成な人がいるならば――と言って、そういう人に立ち去るチャンスを与えた。

そして、ついにソーントンとグーチを食堂に連れてきた。食堂に残った全員と共に、ソーントンとグーチに要求を突き付けた。取締役会に行き、アーサー・Tに全権を戻すように伝えろと迫った。すべての者がアーサー・T以外の人の元で働くつもりはなかったから、アーサー・Tの復帰が確約されない限りは、何の話にも応じる気はなかった。彼らは事前に新CEOとの対話を打ち切る合図を決めておいた。要求を伝え終えると、トム・トレイナーがその合図を出した。すると食堂にいた全員が一斉に立ち上がり、驚愕するソーントンとグーチを尻目に退室した。「彼らは口を開けて、立ち尽くしていた」とトレイナーは振り返る。

長い九日間が過ぎた。八人組は支援を呼びかけ続け、最悪の場合に備えて計画をさらに練った。しかし、CEO二人からは何の返答もなかった。そこで、七月十六日、八人組の中の数人がソーントンのオフィスに行き、再度彼らの要求を伝え、翌日四時半までに返事がほしいと告げた。期限までに返事がなければ、要求が拒絶されたものとみなす、と言って、彼女のオフィスを立ち去ろうとしたとき、ソーントンは初めて冷静さを失い、こう叫んだ。「今日のボストン・グローブ紙にお望みの返事を載せたから見るがいいわ」。果たして、ボストン・グローブ紙の記事には、取締役会は新CEOを支持すると書かれていた。

翌日、八人組のトム・トレイナーとトム・ゴードン、ジョー・シュミットはそれぞれ、ソーントンから懐柔される電話を受けた。週明けの月曜日に取締役会と電話で話をしたいかと彼女は尋ねた。彼女はトレイナーたちと一緒に仕事がしたいのだと何度も繰り返した。ソーントンは、自分の目の前で今にもガラガラと崩壊しそうな運営体制を何とか修復しようと願っていた。

しかし、その日の午後二時半のことだった。

ソーントンとグーチは、職場を放棄する従業員は別の者と交代させる――とのメールを会社全体に配信した。この事務的メールは、「従業員からの要求について話し合うため特別会議の開催を我々CEOは取締役会に要請しました」という出だしで始まり、各従業員の利己心に訴えかけた次のような文章が続いていた。

「我々に対するすべてのコミュニケーションは全員の総意だと思いますが、これからもマーケット・バスケットで働きたいかどうかを決めるのはあなた方一人ひとりです。各人の仕事とは、これまで毎日実施していた通常の仕事と同種の仕事を続けることを意味します。あなたの上司から新たに言い渡された任務を意味するのではないことをはっきりと申し上げておきます。職場を放棄する、あるいは職務遂行を拒否すると決意したなら、あなたを別の人と交代させるしか我々に選択肢はありません」

八人組の面々と従業員たちは激怒した。「家具の部品のように交換するぞと、奴らは会社の全員を脅迫した」とトレイナーは憤りながら振り返る。

メールが届いたとき、八人組は全員が本部にいた。そして、再び本部スタッフ全員を食堂に集めた。このメールは、全従業員に恐怖心を与えるより、むしろ闘争心を与えたようなものだった。トレイナーによると、このミーティングでの総意は「彼らは我々の要求に応じるつもりはない。それなら今日の四時半にストライキを行うだけだ。最後までやり抜く」だった。

そのとき、何かが進行中だと敏感に察知したソーントンとグーチが、食堂に入ってきた。言い争いが始まった。従業員たちはＣＥＯ二人に大声で詰問した。ＣＥＯは弁明し、そして声高に非難し命令した。混乱した現場は、この二人の老練なベテラン経営者にも手が付けられない状況に陥った。あっけにとられてなすすべない彼ら。とうとうグーチが叫び始めた。「仕事に戻れ！仕事に戻れ！」。

四時半になった。本部ビルを出ようとするスタッフや幹部に、事態を知って駆けつけた複数の報道記者たちが声をかけた。バーバラ・パケットはあのときのことを思い出すといまだに涙が込み上げてくる。夫や父親、兄弟やいとこたち、皆がマーケット・バスケットで働いていたから、彼女には「人生を預けているものがたくさん」あり、思い出も多くあった。彼女やその家族はマーケット・バスケット以外で働いたことはない。彼女は念のため職場の机の上から取り急ぎ個人的な写真をかき集めてバッグに入れ、仲間と一緒に本部の建物から出た。「この職場に戻ってこられるか不確かなまま、階段を下りていった」ことを、昨日のことのように覚えていると彼女は言う。

「中には大変な苦労をすることになる者も出るだろうが、僕らは家族だ。このやり方がどこでもうまくいくわけではないけれど頑張らなければ」とトム・ゴードンは言った。その〝家族〟は明らかに落胆し不安そうだったが、皆、決然としていた。「奴らがたとえ誰かを倒しても、その後ろには二万五千人がいる」。

スティーヴ・ポーレンカが付け加えた。「俺らはイカレた連中さ。これがポーカー・ゲームなら、俺らは全部賭けるまでだ」。

10 「封鎖しろ」

八人組の一人であるディーン・ジョイス。物流センターの責任者を務める彼は、CEO交代問題がずっとくすぶっている中で、じつは早いうちから、会社を牛耳るアーサー・S側に打撃を与えたいときは、自分が管理している倉庫の商品の流れを完全にストップさせるのがいちばん効果的ではないかと、考えていた。そして、信頼のおける幹部仲間には密かにこの策を伝えてもいた。

アーサー・Tが解任された日のことだ。ジョイスは物流センターのスタッフを休憩室に集めた。物流センターは二交代制で運営されており、ジョイスは早番シフトの責任者で、早番のほぼ全員、約二百人が集まった。

スタッフたちはジョイスの顔つきから何かよからぬことが起きたと察した。彼らは何年もジョイスと働いてきたから、ジョイスが日々の仕事のプレッシャーに屈するような人間ではないことを承知していた。何か深刻な事態が起こったに違いない。

ジョイスは何が起こったかを率直に話した。

「ミスターDがたった今、クビになった」

室内は水を打ったように静まり返った。

「君らはどうかわからないが、俺はミスターD以外の誰かのために働く気はない。奴らがこの決定を覆さないなら、俺らは何か手を打たなきゃならない。できれば君たちも俺と行動を共にしてくれたらうれしい」

ジョイスは何としても物流センターのストライキをするぞと心に決めて、部下たちの気持ちを確かめた。果たして彼の決意を聞いて部下たちは賛同。アーサー・T解任のニュースには彼らもジョイス同様ショックを受けており、彼らはすぐにでもストライキを実行しましょうとジョイスを促した。スーパーマーケットの運営には、物流センターの役割が欠かせない。重要であればこそ、自分たちが業務を中止したら、どのような事態に陥るかを彼らは十分理解していた。

しかし、決行にあたっては、慎重かつ入念な作戦が求められる。より全社的な規模で、最大の効果が得られるタイミングを十分に見計らってから、とジョイスは思った。部下のスタッフたちもストライキの開始時を任せてくれて、数週間にわたり例のごみ置き場脇で八人組が討議を重ねた結果、ついに七月十七日に決行することが決まった。

その七月十七日木曜日の午後――。

ジョイスは遅番の責任者、ビル・マッキーにこう話しかけた。

「俺はこのあと、ストライキを決行する。俺の部下は全員参加する。お前のチームはどうなった?」

翌金曜日の夜中の一時まで勤務する遅番チームを率いるマッキーは「俺たちもさ」と返した。

自分の部下たちをストライキに誘ったのは果たして正しかったかと、当時、ジョイスは自問したことを思い出す。それに、「物流センターを封鎖したと知ったらミスターDはどう思うだろうか?」。そうした迷いもあった。しかし、ジョイスは他の方法を思いつかなかった。

マーケット・バスケットを人体にみたてると、物流センターは心臓だ。そこから血液ともいえる商品が店舗に運ばれる。そして、買物客の購買のリズムに合わせて鼓動を打つように商品が店舗に送り込まれる。需要の安定期には、物流センターの鼓動は安定している。クリスマスシーズンのように需要が大きく伸びるときには、需要に追いつくよう物流センターの鼓動も速くなる。新店がオープンするときには、より多くの商品を送り込まねばならず、物流センターにはプレッシャーがかかる。

トゥークスベリーにある一軒の巨大な倉庫。マーケット・バスケットの物流センターに入ることは、秘密の世界に入り込むのに少し似ている。商品の搬入や積み込みを待つ何十台ものトラックを見ると、建物の中のざわめきまで感じられて何かワクワクする。ここから七十店舗以上に加工食品や日用雑貨のほとんどを配送しているとは、なかなか信じがたいが本当なのだ（生鮮食品と日配品はアンドーヴァーの倉庫から供給）。

倉庫は非常に大きい。その面積は五十万平方フィート（約四万六四五〇㎡）、天井高は三十フィート（約九ｍ）ある。歩き回るにはあまりに大きいので、従業員はゴルフカートやその他の乗り物を利用して庫内を移動する。まるで、信号機のない街に迷い込んだような感覚だ。さまざまな形や大きさの乗り物があらゆる方向からやってきて、パレット（荷物をフォークリフトで一度に運ぶための荷台）が二〜三ｍ積みあがってできた角を曲がるときにはクラクションを鳴らす。

トラックが後ろ向きに入庫する搬入・積出口が、本社屋に接する壁以外のすべての壁に並ぶ。搬入口の大きさは、十八輪トラックの後部ドアと同じサイズだ。倉庫側からトラックの荷台を見るとまるでそこに深いトンネルがあるように見える。道路から最も奥まった、倉庫の南壁にはメーカーからの商品が納入される搬入専用口がある。たとえばプロクター＆ギャンブルなどが自社製品のパレットをおろすと、在庫用のスペースに運ばれる。パレットは丁寧に天井近くまで積み上げられるが、これら荷物の受取りと所定の場所への移動を専門に行うチームがいる。物流センターに店舗から注文が入ると、店舗への配送準備が始められる。担当者が注文品のある棚に行き、注文がかかった数量だけ取り出す。たとえば、コルゲートの練り歯磨きを百箱、マーケット・バスケットオリジナルのオートミール五十箱といった具合だ。選んだ商品を縦四十インチ（一〇二cm）・横四十八インチ（一二一cm）のパレットに載せる。このパレットのサイズはトラックに無駄な空きスペースを作らずに積載できるよう設計されたものだ。店からの注文品を載せたパレットは建物の西壁にある積出口に積み置く。そこに十二枚のパレットが貯まると、トラックに積み込み、店舗へ配送する準備が整う。彼らは一日に百回以上、これを行う。注文が多い日は百五十回にも及ぶ。

物流センターの目標は、言うまでもなく各注文に正確に応じることである。加えて、トラックの積載率を一〇〇%に保ちつつ、店舗にできるだけ迅速に商品を届けることだ。物流センターは、店舗と本部のバイヤーの両方と頻繁にコミュニケーションをとらねばならない。なぜなら、物流センターの役目は、マーケット・バスケットが商品を仕入れるメーカーと、マーケット・バスケットが商品を販売する店舗とを、効率的かつ効果的に結び付けることだからだ。

物流センターが密かにストライキに入った日。ディーン・ジョイスの弟で、マーケット・バスケットのトラック運転手として働くスコットは、大丈夫、きっとこの戦いに勝利するよと言って、兄を励ました。やってきてまだ日の浅いCEOや彼らの側近たちは、マーケット・バスケットのことを何も知らないから心配することはない、「照明のスイッチの場所さえも知りやしないんだから」と、兄を安心させるように笑って言った。

ディーン・ジョイスが率いる早番チームは、午後三時に業務を終えた。遅番のビル・マッキーのグループに引き継ぐと、ジョイスは、明日この倉庫でいつものように働くことはないのだなと感傷的になった。彼らは翌朝、倉庫の中で働くためでなく、倉庫の外でピケを張るために出社するのだ。

夜中の一時に遅番チームの業務が終了した。外でそのときを待っていたジョイスは倉庫に入り、いつものように施錠をし、そして、防犯ベルをセットした。すべての照明を消し、ブレーカーを落とした。

数時間後、少人数の一団がやってきた。彼らは、ストライキがあると睨んだCEOが契約した代行スタッフたちで、総勢二十人ほどだった。この一団が朝五時にドアを開けると、警報が鳴った。

この警報は、物流センターがストライキに入ったことを〝非公式に〟告げるものだった。

八人組の一人、スティーヴ・ポーレンカは朝の早い時間に物流センターにやってきた。彼が到着したときには警報が鳴り響き、かなり遠くからでも聞こえるほどだった。「この三十年で倉庫の警報が鳴ったのを初めて聞いた。かなりの音だった」とポーレンカは言った。代行スタッフの一団が消し方を見つけるまで警報は数時間大音量で鳴り続けた。

ジョイスはポーレンカより一時間後にやってきた。彼も警報を聞いた。状況をつかもうと、建物の裏側に車を停めたとき、照明はまだ点いていなかった。一団はブレーカーを見つけられなかったからだ。ジョイスはくすくす笑った。「スコットの言うとおりだ。奴らは照明の点け方もわからない」。

ジョイスは私物を取りに物流センター内の自分のオフィスに入った。建物から出るときに、代行スタッフのひとりと遭遇した。ジョイスは彼に、君たち代行スタッフは自分たちの力ではどうしようもないことに巻き込まれていると言ってやった。部外者がマーケット・バスケットの物流システムをうまく運営できるとはジョイスには思えなかった。「俺たちが倉庫をどうやって運営しているか、奴らはまったくわかっていない。他所で経験があるかもしれないが、ここのやり方はまったく違う」。

ジョイスの言うことは概ね正しかった。物流センターからの配送は、停止しているのかと疑いたくなるほどにスピードが落ちた。初日、物流センターからは何も配送できなかった。実際のところ、代行スタッフたちは、トラックの鍵を探すのでさえ一日の大半を費やした。トラックの鍵は、ジョイスのオフィスの鍵がかかっていないボックスの中に整理して入れてあった。

翌週になると、商品倉庫からは一日十台足らずのトラックが店舗に配送できるようになった。しかし、この時期になってもトラックは満載には程遠い、ほんのわずかな商品しか積載することができなかった。後日ジョイスは、二十五万ケースにのぼる注文を店から受けていたことを知った。彼が言うには、それは一日で「さっさと済ませられる。俺たちにはどうってことない量」だ。なのに、代行スタッフたちは、その量を処理するのに数週間かかった。彼らは、マーケット・バスケットのやり方を知らなかったし、労働力も足りなかった。

わずかパレット一枚分のミネラルウォーターを積んだトラックが、倉庫から百マイル（一六〇km）離れたニューハンプシャー州クレアモントの店舗にやってきたと、この店の従業員たちは言う。それだけ少ない積み荷で長距離を運送すると商品がダメージを受ける可能性があるんです、と付け加えながら。

抗議運動の終盤には、ジョイスはトゥークスベリー警察の警官たちと顔なじみになった。警察の小隊が毎日ピケを監視するために派遣されてきた。彼らは、マーケット・バスケットのピケ参加者はこれまでで最も行儀がいいと言った。実際、抗議運動中に報告された事件は一件だけだった。ピケ参加者に冷やかされたことにキレた代行ドライバーがトラックから降りて、ハンマーでピケ参加者を脅したのだ。もちろんこのドライバーはすぐに逮捕されたが。

物流センターで働くルイス・メンデスは、十代の頃にドミニカ共和国から移民してきた。米国に来た当初は、ボストンの建設現場で働いた。給与はわるくはなかったが、マーケット・バスケットでの仕事とは比べようもないとメンデスは言う。マーケット・バスケットで働き始めて九年。むろん今後も働き続けるつもりだが、その理由の一つは待遇面だ。彼は結婚し、十三歳から八か月までの五人の子供がいる。恵まれた福利厚生や賞与に支えられて、家族を養っている。さらに、それと同じくらい大きなもう一つの理由は、マーケット・バスケットで働くことを気に入っていることだ。一緒に働く仲間や上司に限りない親近感を覚えている。

ストライキ決行前日、仕事を終えて帰宅したときのことをメンデスは忘れない。彼は妻のマーガレットに明日ストライキを始めることを告げた。

「僕たちは団結して、ディーン（ジョイス）と一緒に建物の外でピケを張るつもりだ。何が起こったとしても、それは僕たち全員に起こることなんだ」

「まあ大変。でもそれはあなた自身の意思なのね?」

「そうだよ。僕の会社と仲間のためにピケを張らなきゃいけないんだ」

「わかったわ。ウチのことは気にせず、あなたはやらなければいけないことをして。私が働く時間を増やしたほうがいいなら、そうするわ」

次の六週間、メンデスは毎土曜日、子供たちの面倒をみた。クリーニング店で仕事をしていた妻が土曜日にも働き始めたからだ。この間のメンデス一家の生計は、妻の収入と貯金、そして、ストライキ決行で滞った物流センターのスタッフの給与を補てんするために抗議運動中の従業員が始めた支援基金からの給付金、それらに支えられていた。それでも、一家はまだ影響を引きずっている。ストライキ中に借りたクレジットカード・ローンの支払いをメンデスはいまだに続けているという。

メンデスは、あの六週間が一年にも感じたと振り返る。「あのときは本当にヒヤヒヤした」。彼は朝七時から午後二時頃まで「会社のために戦った」。メンデスをはじめ、物流センターで働く従業員にとっては無給のフルタイムの仕事のようだった。

メンデスの周囲の人々、義理の家族や友人たちは、メンデスがすべきことについてそれぞれの考えをいろいろ言ってきた。メンデスの母親でさえ、「ストライキをするつもりなら、無理強いされたからではなく、自分が正しいと思えるならば、やりなさい」と彼の意思を確認した。彼は母親に、これは自分だけで決めたことだと断言した。

彼の友人数人はストライキに参加せず、倉庫に残って働くことを決めた。彼らがそうしたことで、メンデスとの友情は終わった。彼らはメンデスに話しかけなくなった。彼らは今もマーケット・バスケットで働いているが、メンデスとは距離を置いている。メンデスはそれが理解できないと言う。メンデスは感情を押し殺しているが、友情を失ったことを振り返るときの彼の話しぶりから、寂しさが伝わってくる。

また、同じく物流センターで働くフランス系カナダ人の移民三世、デイヴィッド・コートーは、マーケット・バスケットで五年間働いてみて、これまで働いたどの職場よりもこの倉庫の雰囲気がいいと言う。他の職場では、「トーテムポールの一番下の男」のように感じた。最低限の尊重しかされず、昇進の見込みはほとんどない。けれどマーケット・バスケットでは誰もが平等に扱われる、と。このような雰囲気は「アーサー・Tが生んだ」もので、「懸命に働けば、認めてもらえる」環境だとコートーは感じている。マーケット・バスケットの福利厚生や賞与によって、彼の妻の学生ローンの返済期間を二年短縮できた。ただ、それでも家計は厳しく、通常はコートーが住宅ローンの支払いをし、妻が他の家計費を負担していたが、ストライキの実行は夫婦の生計をさらに圧迫することになるのは明らかだった。

コートーはストライキ前夜、自分のシフトを終えて帰宅し、八人組のスティーヴ・ポーレンカとトム・ゴードンがストライキの火ぶたを切った直後の様子を、テレビの夜のニュースで見た。じつは、遡ることその日の昼間のことだ。倉庫の従業員はチームごとにミーティングを開いた。そして、ストライキに参加するか、参加しないかを決断するように求められた。

参加を決めた彼は、マーケット・バスケットは自分が信じる存在だからストライキに参加しなければならないと妻に語った。自分たちが今立ち上がらなければ、マーケット・バスケットはいずれにしてもなくなるかもしれないと感じた。「自分の将来のために、人生のうちのいくばくかの時間を犠牲にする。それだけの価値はある」。コートーにはストライキに反対する考えはまったく浮かばなかった。抗議運動の参加者は「給与や福利厚生の改善など、自分たちのための要求をしているのではない。この環境を与えてくれた責任者を復帰させてほしかっただけだ」と彼は強調した。

彼の両親は共にその決意に賛成してくれたが、家族の他のメンバーはやや懐疑的だった。彼らは、億万長者二人の争いになぜ参加するのかとコートーに言った。しかし、コートーはこの争いをそのように見ていなかった。「これは彼ら二人だけの争いではない。マーケット・バスケットにいる多くの人に関わる問題なのだ。マーケット・バスケットで働いていない人にこの会社の様子や仲間との結びつきを説明するのは難しいけれど」。ストライキ初日から、「自分の決断は正しかったと感じた。きっと成功すると確信した」。

数週間後、コートーはその月の住宅ローンを支払えそうにないと悟った。倉庫従業員のための支援基金から生活費補てんの給付金を受け取ったが、それは食費など生活必需品の購入に消えた。ローンの債務者である金融機関への支払いを心配したコートーは、これら金融機関に相談の電話をした。全国的な大手金融機関はさほど親身にはなってくれなかったが、地元金融機関は事情を酌んで対応してくれた。一社は彼の住宅のメンテナンスを行う会社で、もう一社はサービス・クレジット・ユニオンだった。コートーからの電話を受けたサービス・クレジット・ユニオンの社員たちは「マーケット・バスケットのファン」だった。そして、コートーの返済履歴に傷がつかないように支払いスケジュールを調整してくれた。

この頃のコートー夫婦の家計は非常に厳しかった。それでも、犠牲を払った価値はあったと彼は言う。「大勢の人々が団結している様子は驚くべき光景だった。僕が人生でやったことのなかで最高に誇らしいことのひとつだ」。

抗議行動における物流センターの影響力について、ディーン・ジョイスは集会で次のように演説した。「(物流センターの従業員たちを) 誇りに思う。見ての通り、彼らがいなければ、店では販売ができないのだから。棚は空っぽになる。俺がかねがね感じていたことがようやくわかってもらえたようだ」。

しかし、この運動を成功させるには倉庫の封鎖だけでは不十分でもあった。店舗を通常通り営業させ続ける方法はまだあるからだ。

今度は、店舗が動き出す番だ。

11 「リスクをとれ」

アーサー・Tが解任されて抗議のストライキが始まるまでの間、各店舗の従業員たちは休憩時間を使って、来店客に応援を求める活動を行った。店内のあらゆる売場には、アーサー・Tへの支援を求める看板を掲げ、店頭では、署名協力を呼び掛けた。

通常は「今週のお買い得品」紹介のポップが貼られている惣菜売場のガラス板にも「ＡＴＤが我々のＣＥＯ！」などのメッセージを記した。「ＡＴＤ」とは、前述したようにアーサー・テレマコス・デモーラスの頭文字三つで、従業員が親しみを込めてアーサー・Ｔを呼ぶときの名だ。

この時期の売上はこれまで同様に好調だったが、買物客が好んでいるこの商売のやり方が、じつはいま存続の危機に瀕していることを従業員は客に伝え続けた。

七月十七日の深夜から物流センターにおいてストライキが開始され、事実上十八日の朝から商品の供給がストップした。

店舗の在庫はすぐに底をつき始めた。まず、生鮮食品が姿を消した。肉は数日で品切れになった。「どこよりもよい肉」「毎日仕入れる新鮮鶏肉」の看板の下のケースは空だった。青果売場では、山芋、ショウガなどごく一部の野菜のみが二週間ほど並んだ。タマネギやリンゴをいつも並べる棚はすでに空っぽで、その空きスペースに従業員の誰かが空き箱を器用に使って「ＡＴＤ」という文字を並べ、とびきり目立つように表した。乳製品の売場には、新鮮な牛乳が配達し続けられたが、入荷量はほんのわずかしかなかった。

売場の中央にある加工食品や日用雑貨の棚も品薄だった。マーケット・バスケットの普段の基準からすれば、かなり売場は乱れていた。いつものマーケット・バスケットの棚は、非常に几帳面に整えられており、商品の面《ツラ》をきちんと揃えた様は、ひとつの壁に見えるほどだ。それなのに今は、欠品によって商品を置いていない棚があちこちにある。従業員は残った商品をこまめに整頓するが、これは必要に迫られてというよりも退屈しのぎでもあった。

結果、変わった組み合わせの商品が並んでしまっていた。たとえば、新鮮な果物はない代わりに、デザートの棚にはストロベリー・ショートケーキやフルーツソース（賞味期限は一年近い）が陳列されていた。

従業員たちの機転で、賞味期限が間近な食品はメリマック・バレーのフードバンクに送られた。マーケット・バスケットからの配送物はパンや青果物など計二千ポンド（九一〇kg）近くにものぼり、この寄付のおかげで、フードバンクは街のベーカリーからパンを譲り受けるのを取り止めたほどだ。マーケット・バスケットの騒動による恩恵を、短期間ではあるがフードバンクは思わぬ形で受け続けることになった。

商品がほとんどない売場を歩き回るのは不気味なものだ。

いつもは買物客と従業員でごった返している売場が静まり返っているのを体験するためだけに来店する人たちもいたほど、店は静まり返った。


店舗への商品供給を阻む物流センターのストライキに協力し、店舗従業員は売場から商品を〝空にする〟のに躍起になっていた。

通常、マーケット・バスケットの店舗には一日に数十回の納品がある。物流センターから配送されてくるものもあれば、地元の仕入れ先から直送されてくるものもある。引きも切らず次々と商品が納品されてくるが、それらは売場の奥にあるバックルーム（在庫置き場）にまず収納される。バックルームは、配送体制に合わせて設計されているもので、マーケット・バスケットの最大店舗のひとつでは、トラック十台から十五台分の商品を納品し保管しておくことができる。バックルームにある冷蔵室は、フォークリフトでパレットを運び込める十分な広さがある。

ロンドンデリー店の副店長、ショーン・モースによると、抗議運動中、納品は一週間に多くても二、三回しかないほど大いに減少したという。彼は著者にすばらしいバックルームを見せてくれながら、「あのとき、店の裏ではなかなかの戦いがあった」と話した。納品口や駐車場で小さな言い争いが頻発していたのだと。口論が暴力に発展することは一度もなかったが、争いは時折ヒートアップして相当なものだったらしい。「トラックは荷物を下そうとし、我々はそれを拒否しました」。

抗議運動中に商品配送を請け負ったのは、代行ドライバーたちだった。その多くは、労働紛争のときにピケを突破するのを専門にするプロのトラックドライバーで、必要なときに企業と契約し代行業務を行う。彼らは配送時には駐車場に警備員を配置し、配送の様子を録画する。なぜそのようなことまでするかといえば、ストライキをする従業員を威圧し、敵対心をくじくのが狙いなのだ。

店舗側も負けてはいない。最も効果的な作戦は、マサチューセッツ州とニューハンプシャー州の条例を遵守していないことを理由に積み荷を拒否することだった。代行ドライバーの多くが州外からやってきており、州の条例をよく知らなかった。これを利用して、店では多くの積み荷の受取りを拒否した。

両州の条例では、荷物の配送途中に積み荷が荒らされるのを防ぐために、トラックの荷台の扉は複数桁の番号が印字されたシールで封印することが定められている。荷物の受取り店には物流センターからその番号が知らされており、もしも到着したトラックのシールがずれていれば、積み込まれた後にどこかの時点で問題が起きたことがわかるという仕組みだ。抗議運動中、シール

マーケット・バスケットの商品の納入が止まったとき、最初に姿を消したのは、毎日配達されていた野菜と果物だった。Photo by Daniel Korschun

を付けていないトラックがやってきたので、この条例を盾にして店は受取りを拒否した。条例に遵守している場合でも、店の従業員はできるだけ配達を阻止して、他の店舗への配達ができないようにした。これは長い口論になったが、従業員たちは方便を駆使して賢く対抗した。

あるときは、配送トラックの進入路に白いトレーラーをわざと横向きに駐車させて行く手をふさいだ。トレーラーの脇腹には、マーケット・バスケットのロゴの上に赤く大きな文字で「ボイコット」と書いた。さらに、トレーラーの周りを従業員の自家用車で取り囲んだ。これでは、個人の所有物である自家用車に触れることなくトレーラーを移動させることはできない。警察官が到着した後も、配送トラックはこのバリケードを通り抜けることができなかった。

最終的に、全店舗合わせると、配達すべ

き商品の三分の一の受取りを拒否することができた。残り三分の二の商品は、ある店長の表現を借りれば「配送スケジュールをおじゃんにする」のに十分なくらい納品を遅らせることができた。通常ならば、店舗は商品が必要になる二日前に発注するから、水曜日に発注した商品は金曜日に届けられる。しかし、抗議運動中に店で受取った商品は、数週間遅れのものだった。

店頭では、アーサー・Tが戻ってくるまで不買運動をしてほしいと、来店客に対して従業員たちが必死のお願いをしていた。

従業員は来店客に別の店で買物をしてほしいと勧めながらも、マーケット・バスケットは地域社会で重要な役割を果たしているという誇りは持ち続けた。低所得の家族が食料品の購入でマーケット・バスケットに依存している事実が、抗議運動中ほど明らかになったことはない。大半の来店客は不買運動に協力したが、それが不可能な人もいた。彼らは運動に協力したくとも、そうする経済的余裕がなかった。他のいずれの競合店も、価格はマーケット・バスケットよりも高いのだ。

貧しい人々にとってマーケット・バスケットがいかに重要か従業員は理解していた。従業員は尋ねられれば、最寄りの競合店への行き方を案内したし、マーケット・バスケットで買物を続ける客たちに不買運動を無理に強要するようなことはいっさいなかった。ここで買う以外に選択肢のない人々が存在することを従業員たちは承知していたからだ。マーケット・バスケットはこのような人々にとっての公共サービスのような存在だ。

ローウェルに住むジェーン・ラポソは低所得の家庭の母親で、「事態は気の毒に思うけれど、他の店で買う余裕はうちにはないの」と彼女は言う。同じ境遇のリタ・パークスは「彼らがやろうとしていることは応援する」と不買運動が始まって十日ほど経過した頃に語っている。しかし実際問題として、限られた収入では、マーケット・バスケットで買物をするよりほかに選択肢はなかった。リタは「ピケの監視線を突破してウッドストリート店に入るとき、私は従業員に詫びた」そうだ。

協力したいけれどできないからと謝る人は少なくなかった。「みんな、すまなそうに店に入っていった」と、ローウェルのフレッチャーストリート店の副店長デイヴ・デラニーは振り返った。

店長たちは本部から孤立していた。

というのも、大半の幹部社員がストライキをしているか解雇されており、本部にはいないという非常事態が続いていたからである。

物流センターのストライキが決行された直後の七月二十日、例の八人組の各自宅に速達が届いた。それは、新CEOのソーントンとグーチが決定事項を通知したもので、速達の中身は解雇通知だった。しかも即日有効とあった。

ジョー・ガロン、トム・ゴードン、ディーン・ジョイス、マイク・ケッテンバッハ、ジム・ラコース、スティーヴ・ポーレンカ、ジョー・シュミット、トム・トレイナー。彼らはこの日をもって職場を追われることになった。

普段、店長たちは、トム・ゴードン、ジム・ラコースなど八人組に列する上級管理職に業務の相談をしていたが、本部の彼らとの公式な連絡網が断たれてしまい、そうなると店長たちはソーントンとグーチという新しいCEOに連絡するより他はなかった。店長たちは二人のCEOに業務に関する電話やメールをしたが、驚いたことに、CEOたちは一週間ごとにメール一、二通にまとめて店長全員に一斉送信で返事をしてきた。

だが、その一方で、彼ら店長たちは解雇された八人組の元上司たちと頻繁に情報をやり取りしていた。物流センターのストライキが始まった週はほぼ毎日会った。その後は、八人組の人たちは週末に各店舗にやってきた。スティーヴ・ポーレンカなどは週末になると十数店舗を訪ねて回った。店頭でピケを張るパートタイム従業員を励まし、店長たちに最新情報を伝えた。

まるで二つのマーケット・バスケットがあるかのようだった。

〝公式な〟マーケット・バスケットはほとんど部外者が経営していた。新CEOは最近作ったばかりのITチーム以外とは接触せずに本部にいた。代行ドライバーはほとんど空のトラックを倉庫から店舗に走らせた。そのうちの何度かは、積み荷を降ろさないまま来た道を引き返した。

一方、〝非公式な〟マーケット・バスケットは、順調にことが進んでいるように見えた。驚くほど団結したグループだった。彼らは自分たちグループを「ウィー・アー・マーケット・バスケット」と称した。彼らは、新CEOや取締役会から見れば、事態を混乱させる能力を持った極めて目障りな忌むべきグループだった。店舗の従業員は、自分たちの会社と〝マーケット・バスケット一家〟の一員と認めた人々を必死で守ろうとした。彼らは抗議集会の大群の中に身を置いたり、店頭で踏ん張るピケを訪ねたりして、自分たちの団結力を確信した。集会やピケでは、「アーサー・Tが私たちのCEO」と書いたプラカードを掲げ、違う店の初対面の従業員ともハグし合った。

労働組合に所属しない労働者の集団が、何週間も抗議運動を続けられるだろうかと疑問視する人もいた。しかし、会社との強い絆に基づいた団結意識は、労働組合のそれと同じくらい強かった。「この会社に労働組合はまったく必要なかったし、これからも必要ないだろう。僕らの団結力の方がずっと強い」と、八人組の一人、営業推進スーパーバイザーのジョー・シュミットはラジオ局WBURに語った。

ある抗議集会で、肉のスーパーバイザーでバイヤーのゴードン・ルブランが演台に上がった。スティーヴ・ポーレンカがある種緊張した声でルブランを紹介した。「さて、次の演説者はこの中にお子さんがいることを知っています。私はきれいな言葉を使うように彼に忠告しておきました」と冗談を交えた。ポーレンカは事前に伝えておかねばならなかった。ルブランはせっかちなことで知られていて、荒っぽい言葉をよく使ったからだ。特に何かに熱中するときはそうだ。

この集会の約一年前、レッドソックスのスター、デイヴィッド・オーティスはボストン・マラソン爆破事件以降、初となるフェンウェイパークでの試合を記念したプレゲーム・セレモニーで演説した。そのとき彼は力強くこう言った。「ここはクソみたいにスゲー町だぜ。誰にも俺たちの自由にタガをはめさせねぇ」。

ルブランはオーティスと同じ言葉で情熱を込めた演説を終えた。「ここはクソみたいにスゲー会社だぜ」とマイクに向けて吠えた。

抗議行動を続けている従業員は家族の助けに頼っていた。カーラ・フォスターは朝起きて何度も自分に問うたという。「これは悪夢なの?」と。フォスターはアーサー・Tと会社のために戦った。それと同時に、自分の息子のフィリップのために戦った。フィリップは長年、特別な介護が必要だったが、介護費用はマーケット・バスケットの福利厚生でまかなえた。「ほかのどこで介護費用までまかなえるところがある?」とフォスターは感謝の面持ちでそう言った。しかし、もし他の企業が経営を引き継いだら、彼女の健康保険給付はおそらく変更されるだろう。それが気がかりだった。「我が家はメディケード(低所得者のための国民医療保障制度)が適用されないから、フィリップはお医者さんに診てもらえなくなる」とフォスター。「これから何が起こるかわからないけど、喜ばしいことではないわね」。

抗議運動が長引くにつれ、フォスターは徐々につらくなってきた。ピケを張っていると通りかかる車からのクラクションに元気づけられるが、これさえときには嫌になることがあった。ごくまれに、通りかかった車から「仕事に戻れ」と怒鳴られることがあった。フォスターたちは「もうやってられない」と敗北感を感じる日がたびたびあった。

しかし、そんなとき、フォスターは自分が働いているロンドンデリー店の店長のマーク・レミューと話をし、決意を新たにしたのだという。「彼は私たちを団結させてくれたから、彼にはたくさんの称賛を送るべき」とフォスター。部下の士気を高めるため、レミューは自分の休日を返上して毎日ミーティングを開いた。フォスターによれば、レミューは「もし私たちが勝ったら」という言い方はしなかった。その代り、「私たちはアーティ・Tのために戦う。そして勝つ。アーティ・Tは絶対に私たちの期待を裏切らない」と言った。怖れや不安を感じていたとしても、レミューはそれを表に絶対に出さなかったとフォスターは話した。

スティーヴ・ポーレンカは、普段は大人しい人物だが、アーサー・TがCEOにとどまるべきだと主張するたくさんの客と従業員の署名を手に持って振りながら、マイクを持ってスピーチをした。彼はこの前日に解雇された身だった。©Lowell Sun/David H. Brow

フォスターの言葉どおり、レミューはこの抗議運動に全身全霊を傾けていた。もとをたどれば、マーケット・バスケットでの袋詰め係が彼の最初の仕事で、他の企業で働いたことは一度もない。「私が手に入れたものは、すべてこの会社とデモーラス家のおかげだ」とレミューは言う。彼の社歴は三十七年。これは妻と出会った年数と同じだ。というのも、レミューの研修中にローウェルにある第二号店で二人は出会ったからだ。

レミューはよい結果を信じた。「僕はすべてを賭けた。別の計画はない。別の勤め先も探していない」。しかし、疑心暗鬼にならないわけではなかった。彼にも絶望する日があった。そんなときは、一緒に働く仲間から刺激を受けようとした。フォスターたちと話して、元気をもらった。ピケを張りに道に出て、通りすがりの車からの応援のクラクションを聞くとまたやる気になったそうだ。

レミューはトゥークスベリーにある本部の屋外で、二か月間も無給の立場に置かれている物流センターの従業員たちに水や食料を配った。「その際もらった仲間からの感謝の言葉も、抗議運動を続ける力になった」。

ほとんどの店長たちが、キャリアの中で最大の苦難だったと口を揃える瞬間がある。抗議運動が始まって四週間経った頃、エッピング店のシンディ・ウェラン店長が店にいると、新CEOからの業務連絡が入った。全店の店長はパートタイム従業員の労働時間を削るようにとの指示だった。当然ながらどの店舗も赤字を垂れ流していた。各店長は次の給与支給日までに売上に則した人件費に修正するようにと、言い渡された。

エッピング店には四百五十人の従業員がおり、そのうちの四十人がフルタイムだった。エッピング店では最低でも従業員一人が一時間当たり百七十七ドルを売り上げなければ人件費を賄えない計算になる。しかも、これは売場主任の給与は含まない数字だ。「黙ってハイハイと聞ける話じゃないわ。はなから不可能」とウェランは思った。

ウェランは心を落ち着けてから、事情を話すため店のレジの近くに従業員全員を集めた。売場はもちろん空っぽだった。彼女は集合した三十数人のパートタイム従業員のほうへ顔を向けた。集まった従業員の中には母親である人が何人もいた。年金を補てんするためにマーケット・バスケットで働いている高齢者もいた。また、ローチェスターの店舗で店長をしている親友の娘も働き手として雇っていた。会社の紛争から彼らを守ろうとしてわずか数週間しか経っていない。「涙が出て仕方ありませんでした。大きな挫折をしたように感じました。全員の期待を裏切ることになるのですから」。

（マーケット・バスケットの新体制本部からの）この指令を、ウッドストリート店のレジ主任、スティーヴ・ザハルーリスは別の捉え方をした。「何も悪いことをしていない店長を解雇するための罠だと、私は感じました」。同じように思った他のマネージャーたちもいた。ロンドンデリー店のマーク・レミュー店長も「これで彼らは、我々店長をクビにする理由を見つけた。売上げが下がり、人件費分も稼いでいない我々を」と言った。

レミューはこう続ける。「この事態は、今まで直面した出来事の中で最も困難なことだった。店舗のパートタイム従業員は会社の大事なバックボーンだ。店は営業中だが、買物客は不買運動中だ。どうにもこうにも、本部の指令を実行しようがなく呆然とした」。

一方、多くの従業員は、この知らせを自分たちが一時解雇されたものと受け取ったため、新CEO本部は急いでこれを正さねばならなかった。ソーントンがすぐに各店長宛てにメールで次のように告知した。「全店長宛てに速報します。すべての店長はそれぞれの店の従業員に一時解雇されたのではないことを知らせてください。すべての店長は店長としての当然の責任において、各店舗の総労働時間を削減することを求めます。しかし、それを行う際に従業員を間違っても解雇することのないように」。

じつはこの告知は、マサチューセッツ州司法長官のマーサ・コークリーからの警告に応じて配信されたものでもあった。コークリー司法長官は、我々当局はマーケット・バスケットの事件の推移を注意深くみている、とソーントンとグーチにプレッシャーをかけたのだ。

結局のところ、店長たちは苦渋の選択をせざるを得なかった。ほとんどの店が人員を通常の一五％ほどに削減。各店にはフルタイム従業員と売場主任ばかりが残った。

だがそれでも指示された数字には届かない。店長に残された最後の手段は、労働時間の削減だった。そしてそれは、どう見ても事実上の一時解雇だった。

このことは、マーケット・バスケットが破産の危機に及んだに違いないと市民に警鐘を鳴らすことになった。地域の人々には容易ならない状況を迎えるかもしれないという心の準備が求められた――。

二〇一四年八月十六日、ニューハンプシャー州ロンドンデリーの夏の恒例行事「オールド・ホーム・デー・パレード（註：引っ越していった人々の再訪を呼びかける祭）」の百十五回大会が開催された。晴天で、気温は二四℃。まさにパレード日和だった。このニューイングランド名物のパレードを見物しようとマンモス通りには一万人が詰めかけた。警察隊、地元企業、モーターサイクル・クラブ、教会関係者、マーチングバンドなどさまざまな人々が行進した。行進がメインステージを通り過ぎる際、見物人からは大きな拍手が送られた。

パレードが終わりに近づいてきた頃、大きな一団が遠くから行進してきた。遠くから「アーティ・T」「アーティ・T」と行進の人々が揃える掛け声も小さく聞こえた。彼らはマーケット・バスケットのロンドンデリーの店で働くパートタイム、フルタイム従業員の有志、総勢百三十人だった。大半が揃いの紺色のTシャツを着ていた。胸には「WE BELIEVE ATD（私たちはATD＝アーサー・T・デモーラス＝を信じる）」と書かれていた。背中にはフットボール選手のジャージのように選手名が入る位置に〝ロンドンデリー〟と店名がプリントされ、その下に店舗番号である「42」が大きく描かれていた。

その一団を象徴的に示すのは、先頭を行進するキリンの着ぐるみだ。アーサー・Tのために従業員たちが決起した抗議運動の初めの頃、ある集会で肉のスーパーバイザー&バイヤーのゴードン・ルブランが行ったスピーチがきっかけで、キリンがこの運動のマスコットになった。ルブラン家では「自分が正しいと思うなら、リスクをとることを恐れるな」の家訓があり、それを繰り返し思い起こすために、（長い首を突き出し危険に立ち向かう）キリンの人形を我が家ではマスコットにして置いているとルブランは演説した。このスピーチ後、キリンのイラストやぬいぐるみがマーケット・バスケットの集会やピケで見られるようになったのだった。

キリンの着ぐるみと一緒に、ニコニコしながら手を振る大勢の人々が向こうから見えてきた。

「オールド・ホーム・デー・パレード」の司会者が「ロンドンデリーのマーケット・バスケットの従業員の皆さんです」と紹介する前に、見物人たちはすでに立ち上がり、スタンディングオベーションで行進を迎えた。このパレードの中で最も大きく長く、そして心からの歓声が送られた。彼らを励まそうと、行進に近づき従業員とハイタッチをする人までいた。ロンドンデリー店のマーク・レミュー店長は「あの後、たくさんの人々から『あなたたちの行進でパレードが沸いた』と言われたんです」と振り返る。

パレードの見物客からの声援にレミューは感動した。これまでも、何人もの客が抗議運動に理解を示して「がんばれ」と声をかけてくれた。店舗の外でピケを張る従業員のそばを車で通り過ぎるときは、応援のクラクションを鳴らしてくれた。それでも、パレードではどういう反応が返ってくるか予測できなかった。ふたを開けてみると、地域の人々は熱烈な応援をしてくれたのだった。

このできごととは別の理由でもレミューを感動させた。じつは町からマーケット・バスケットがパレードへの参加を誘われたとき、地元の祭りに参加するのはやぶさかではないものの、心中は複雑だった。レミューは多くの有志を集めなければならないと思った。人数が足りない……。数日前に一時解雇を言い渡した従業員も少なくない。その人たちにも声を掛けなければならなかった。厚かましい依頼だった。しかし、彼らを含めたくさんの有志がパレードに加わってくれた。有志の数の多さや地域の人々からの声援はこの抗議運動に対する彼の信念を再び燃え上がらせた。

「これまで見たなかで、最も心が動かされた光景だった」。

レミューは、抗議運動に貢献するために従業員の多くが割いた犠牲について話すとき、今でも胸が熱くなるという。「僕の仲間を誇りに思うよ。僕はうぬぼれる人間ではないけど、この店が運動の先頭を切ったと言えることが自慢なんだ」と涙をこらえて語った。

レミューは抗議運動で自主的に自分の役目を果たした従業員の名を次々と挙げ始めた。たとえばバーバラ・ブルーム。彼女は十年間、惣菜売場で働いていた。抗議運動が長引き、人件費を削減しなければならなくなったレミューは、彼女たち何人かのパートタイム従業員を呼んだ。「もうこれ以上ここで働けないと言わねばなりませんでした。彼女たちにもガソリン代、食費など、僕らと同様に日常の支払いがあります。加えて、仕事ではなく、ここに毎日ピケを張りに来てほしいと頼まなければなりませんでした。彼女は毎日来てピケを張ってくれました。それが自分のすべきことだと信じて」。

レミューはスー・マーソンについても話してくれた。彼女は訳あってちょうど自分の家を失う寸前だった。それにもかかわらず、すべての抗議集会に参加した。ある早朝、レミューは車で一時間ほどのトゥークスベリーの本部に到着したとき、てっきり一番乗りだろうと思ったら、すでにマーソンがピケを張っているのを見た。

自分自身の判断に従い、責任をもって行動する――会社が順調だったときにしみ込んだマーケット・バスケットの権限委譲の企業文化は、困難な時期にも役立った。店の従業員たちは、良い結果を生むと思ったことは何でも自発的に行った。

例をあげれば、エッピング店から車で一時間のトゥークスベリーで行われる抗議集会に行くには交通手段が必要だったが、ある従業員が全国的なバスのレンタル会社であるファースト・スチューデントの地元支店に電話して、一日無料でバスを貸してほしいと交渉した。こうして、店から数十人の従業員や顧客を乗せて集会に参加することができた。

同じエッピング店の別の従業員は、無給でストライキする物流センターの従業員のために募金集めのアイスバケツチャレンジを企画。店長のシンディ・ウェランや副店長もこれに参加した。そしてこの挑戦は、他の店にも波及していった。

従業員たちは抗議運動で着用するTシャツを注文し、仲間に実費で売った。自腹を切って、ポスターやマジックなどの備品を用意した。本部に抗議に行く際の安価でかつスムーズな交通手段を手配した。


ストライキが始まって数週間が経った頃、両CEOは職場に戻るよう従業員たちに最後通牒を突きつけた。

七月三十日、彼らから翌週三日間かけて社内求人説明会を開催するという告知が出された。店長、会計係、バイヤーの空きポストに就く希望者を募る説明会だ。「八月四日月曜日には職場に復帰してほしい。何人かが戻らない可能性を考慮し、社内公募を開始することにする」。期日までに職場に戻った従業員は罰せられないとつけ加えた。

八月四日がやってきた。だが、誰も職場に戻らなかった。

実際、社内求人説明会に参加する人数よりも、会場にピケをはる人数の方が多かった。従業員たちはその後のCEOの虚勢をこき下ろした。「私は彼らのもとで働いているのではないから、彼らは私をクビにできないさ」と社歴二十年の加工食品バイヤー、ロージー・ヴァサーカは言い放った。

抗争最後の二週間（と、後になって数えられるのだが）、ＣＥＯのフェリシア・ソーントンは各店長に対して、店の納品口をブロックしているものを撤去すること、そしてプラカード類をすべて除去することを厳しく命じた。それらはアーサー・Ｔの復帰要求や、物流センターの従業員のための募金お願いなどが書いてある看板だった。

従業員たちはＣＥＯの命令に対して、追加の〝煽りコピー〟を用意することで応じた。「物流センター従業員のための募金集め用として、各店はすべての入口に忘れずバケツを用意しておいてください」というメッセージが、ブログ『ウィー・アー・マーケット・バスケット』に即日、記された。

12 「がんばれ、マーケット・バスケット」

物流センターが商品の供給を止め、店舗は開店休業状態になり始めたとき、この頃でもまだ、新ＣＥＯのフェリシア・ソーントンとジェームス・グーチは事態を楽観的にとらえていた。十分な商品を取り揃えることができさえすれば、抗議運動に対してもなんとか持ちこたえられるだろうし、その間にアーサー・Ｔを支援する従業員や幹部たちに代わる人材を雇用しようと考えていた。そうすれば、再び経営を軌道に戻し、会社を売却する準備が整う。

しかし、一つだけ誤算があった。それはマーケット・バスケットを愛する顧客のことを彼らは計算に入れていなかったことだ。ニューハンプシャー州のロンドンデリー店で働くカーラ・フォスターは言った。「私たちが来店しないでほしいと呼びかけたら、たいていのお客様は聞き入れてくれた」と。

ほとんどの企業に、その企業の製品やサービスを愛する顧客が存在する。ただし、マーケット・バスケットがそれら企業と違う点は、その顧客の割合の高さとそのひいき度の強さにある。マーケット・バスケットでは、従業員がすべての来店客に平等に接するが、これが他店とは比較にならないほど店に対する愛着心を育む。顧客たちは自分も〝マーケット・バスケット一家〟の一員なのだと思い、従業員たちの困難を一緒になって対処できると信じて行動を起こした。八人組のジョー・シュミットが言うとおり、「今や、抗議運動は顧客の手の中に」あった。

従業員同様、確かな目的を持って抗議運動に参加してきた顧客たち。ただ、顧客たちはこの運動に従業員とは異なる意義を見出してもいた。

アーサー・Tがいなくなることで従業員が懸念するのは、マーケット・バスケットが地域に与える直接的な影響だ。一方、顧客は、この争いを〝ダビデとゴリアテの戦い（少年ダビデが巨人戦士ゴリアテを倒す旧約聖書の逸話）〟のように思っていた。非力な労働者が組織の貪欲さに立ち向かう、その行動と勇気は顧客たちの心を揺さぶった。

不買運動に参加した人々は「マーケット・バスケットの従業員が懸命に守ろうとしているものに賛成票を投じたかったのだ」とボストン大学のジェームス・ポスト名誉教授は分析する。これまでマーケット・バスケットで買物したことがない人たちさえも、顧客と同じ想いを持つようになった。ピケの警戒線でインタビューに答えた多くの人々が次のような証言をしたとポスト名誉教授は語る。「今までマーケット・バスケットの大ファンというわけではなかったけれど、彼らがやろうとしていることに共鳴するし、自分もそれに加わりたかった」と、みんな口を揃えた。

マーケット・バスケットで長年買物をしているジャック・クリスチャンは従業員の名前までは記憶があいまいだけれど、買物に行くたびに見かける従業員の顔はよく覚えている。五十年近く配管工組合の代表的な組合員だったクリスチャンは、マーケット・バスケットの従業員たちの運動の動機に共感した。取締役会に反旗を翻して団結する姿に心を打たれた。「僕らがずっとやり続けようと決意したことと同じことを彼らは実行している。物事がうまくいかないときは、自分が信じる人を支えなきゃいけないのだ。彼らは『給与を失うことになっても構わない。昔お世話になったし、またお世話になるだろう』と言えるほど、元CEOの人のことを信頼している。彼らにもっと力を！」。

従業員たちは長期化する紛争に身を捧げているとクリスチャンは思った。彼はおそらく、ローウェル近郊で百年前に起こった「パンとバラ争議」など過去のストライキとマーケット・バスケットのそれを重ね合わせたのかもしれない。その符合もあいまって、従業員たちの健闘ぶりがクリスチャンをこの運動への参加に駆り立てた。

さらに、スーザン・ノーランのようなマーケット・バスケットの長年の常連客は、この不買運動により大きな意味を感じていた。マーケット・バスケットの従業員たちがどのような状況に置かれているかを、そしてこの運動が地域経済にどのような影響を及ぼすかが心配だった。「すでに、安く買い物ができるとかできないとかの問題ではなかった。人の気持ちの問題。すごく胸に響いたの。この話をするだけで泣きそうになるわ」。彼女はこの十何年の間、世の中の企業の貪欲さについての記事を飽きるほど読んだ。「私はホスピスの礼拝堂に勤める牧師だから、特に敏感にとらえてしまうのかもしれないけれど、人々が利用されたり、粗末に扱われたりすることには怒りを覚えるわ」。取締役会はマーケット・バスケットの従業員を粗末に扱っていると彼女は感じた。「(アーサー・Tは) そうじゃなかった。もちろん彼は本物の天使ではないけど、彼らにとっては天使なの」。マーケット・バスケットの店の前をわざと通り過ぎて競合店に買物に行くたびに、いま自分は社会全体の利益に貢献している、と感じたという。

リタ・ストーンも同じように考えた。彼女は、記憶にある限り、ずっとマーケット・バスケットで買物をしてきた。子供の頃は母親に連れられて買物に来た。店の外に子供用の乗り物があったことを覚えている。それは子供にとってスーパーマーケットに来る最大の楽しみだった。彼女の息子は以前、袋詰め係やショッピングカート整理係としてマーケット・バスケットで働いたことがある。ストーンはマーケット・バスケットのことを、勤勉な店員ばかりの「快調に動くマシーン」だとたとえた。「あそこには、がむしゃらに働く人が何人もいるから」。

顧客たちにとってこの抗議運動は、マーケット・バスケットに対する感謝の気持ちを新たにするきっかけになった。「なくなってしまうかもとハッとするまで、マーケット・バスケットがどれだけすばらしいかに、多くの人々は気づかなかったのよ」。だから、ストーンは迷わず、不買運動に参加した。

彼女の職場はマーケット・バスケットの店舗の向かい側にあったので、働いているときに、店

マーケット・バスケットの騒動は、地元メディアの関心を呼んだ。写真は、2014年7月、他の全国メディアの地方局とともに、マサチューセッツ州トゥークスベリーでの集会の模様を報道するボストンのWHDHチャンネル7。
Photo by Daniel Korschun

の様子がよく見えた。彼女は抗議運動をする従業員の懸命さに感心させられた。常に誰かが店頭に立って声をあげていた。彼女は通勤の際、車から必ずクラクションを鳴らした。「がんばれ」の気持ちを込めて。同じように何千人がクラクションで励ました。「こうした光景を毎日見ていてごらんなさいよ、胸が締め付けられるから」。従業員は「自分たちが正しいと信じるもののために立ち上がり、仕事を失うことも厭わないって。そんなの聞いたことがなかったし、とても感動したわ」。

不買運動に参加してストーン家の買い物と食事は一変した。

「『企業の貪欲さ』に対抗しているのに、ストップ&ショップやウォルマートなど大手チェーンで買物するのは理屈に合わない」と思い、彼女は野菜などを近所の農園から購入するようになった。農園で手に入らないものは、ニューハンプシャー州まで買い出しに出かけた。大手企業で買物することは、従業員や顧客よりも株主を優先しているような企業に自分のお金を差し出すことになる、と彼女なりに考えたのだ。

しかし、ストーンは完全にマーケット・バスケットに行かなくなったわけではなかった。そこで働く人々に声をかけるために時々店を訪ねた。彼らに応援していることを伝えたかったからだ。「がんばっているわね！」。そして、誕生したばかりの基金に進んで寄付をした。基金の一つは、ストライキ中の物流センターの従業員の生活を支援するためのものだった。

顧客たちは、他の消費者にも、かなり強力に運動への参加を呼び掛けた。不買運動に飽きたという人や、マーケット・バスケットに入店しようとする人たちに対して、「私たち支援者たちは『マーケット・バスケットには買いに行かないで』『だめ、それはやめてほしい』などと懸命に説得した」と、ストーンは振り返る。

抗議運動はストーンにとって、胸にしみるこんな体験も残した。

――ストライキが始まって間もない頃、ストライキ決行のニュースを聞いてすぐに店に行き、惣菜売場で店員の一人に私はこう言ったの。「しばらくブラウンシュガー・ハムを買うことができなくなるわよね」と。マーケット・バスケットのブラウンシュガー・ハムは最高なのよ。すると彼は「まだここにありますよ」と持ってきてくれた。ストライキが始まって間もなくだったから、まだあったのね。そして、「これを買ってくだされば、棚を空にするのを助けてくださることになります」と、ブラウンシュガー・ハムを渡してくれた。あれが最後の買物だった。

ストライキが終わったとき、私が真っ先に買いたかったものがブラウンシュガー・ハム。店に行ったら、あの店員の彼がブラウンシュガー・ハムを手に持ってニコニコ立っていた。彼は最初に再会した店員だった。私がブラウンシュガー・ハムを買いたがっていると惣菜売場の若い店員はちゃんと覚えていてくれたんです。

マーケット・バスケットの〝家族意識〟は、従業員だけでなく顧客たちも団結させた。抗議運動中、顧客たちもこの〝家族意識〟に従って行動し、運動に参加すると驚くほどの協力をした。

八月二日と八月三日付けのローウェル・サン紙ほど、顧客の強力な支援を表現した紙面はない。週末の二日間、全面意見広告が掲載された。その広告は取締役会と新CEOに宛てた書簡のスタイルをとっていた。アーサー・Tや抗議運動全体に対する支援をきちんと声明文にする必要があると考えた顧客たちが企画し、文章を書き、広告費を支払ったのだ。

広告を掲載したのは、マサチューセッツ州とニューハンプシャー州全域に住む顧客有志で、長年マーケット・バスケットで買物しているという以外に会社とのつながりは一切ない人々だった。

マサチューセッツ州ウェイクフィールドに住むライター兼編集者のジェイミー・スチュワート・ウォルフもその一人だ。彼女はマーケット・バスケットのフェイスブックとブログを閲覧し続けていて、何か支援がしたいと思った。もともと彼女は「活動家気質」で、かねてからこの抗議運動の成功をその目で見たいと思っていた。怒りに任せてごく少数の人が非建設的な発言をしたために抗議運動というものが挫折したのを、彼女はこれまで何度か見てきた。ある朝、彼女は起きるとすぐにマーケット・バスケットのフェイスブック『セイブ・マーケット・バスケット』に、短いけれど心揺さぶる文章を投稿した。この一文が、このフェイスブックのやり取りを確実に建設的な方向に向かわせるのではないかと思ったからだ。そして、はたして同じような思いの人が他にもいることに気づかされた。

顧客たちが出した広告は、ストライキが始まった二日後に新CEO二人がボストン・グローブ紙に掲載した広告への返答という形で作られたものだった。新CEOらは、広告の文面についてニューヨークにある広告代理店のケクスト&カンパニーのアドバイスを受けた。掲載されたその広告は、モノクロのシンプルなデザインで、『当社のお客様と地域の方々への公開書簡』と題されていた。そして、その始まりの文章は、「マーケット・バスケットの創業一族のメンバー間に考えの食い違いがあるかもしれません。しかし、奉仕するお客様や地域社会が何よりも最優先であることで我々全員が一致しておりますことをご理解ください」。続けて、「マーケット・バスケットが愛される理由を直接知る機会を得ました」と述べ、客や従業員を称賛した。その後、文面は本部と通りを挟んでピケを張っている人々に対する攻撃へと移っていった。「今は、多くの従業員が感情的になりやすいときです。不幸にも……、何人かはお客様に奉仕するという最優先事項を見失ってしまいました」。

この文面は、多くの顧客の怒りを呼んだ。

顧客は何年もの間、従業員たちと良い関係を築いてきた。それゆえ、アーサー・Tを支援することと顧客と敵対することを同一視する新CEOに憤った。じつは多くの顧客が、事実は正反対であり、間違って捉えられていると思った。

顧客たちの間では、その是正のためにも、こうなったら自分たちが対抗の意見広告を出すべきだという声が起こり、それらがSNSに投稿された。SNSの意見を読み、それなら自分が役に立てると思った人たちがいた。ジェイミー・ウォルフもその一人だった。この投稿をフォローし、可能なときはアイデアを提供した。

別の顧客がクラウドファンディングのサイトgofundme.comを通して広告資金集めを行ったところ、なんと数日のうちに二万ドル以上が集まった。これは広告を掲載するのに必要な料金を上回る額だった（残金は、物流センターの従業員たちの生活費補てんのための基金に寄付した）。彼らが意見広告をローウェル・サン紙に出すことを決めたのは、この新聞社がローウェルで創業している歴史的なことだけでなく、マーケット・バスケットと同じく謙虚さがあるように思えるからだった。

広告用の原案がSNSに投稿されたとき、ウォルフはその案を気に入ったが、言葉数が多過ぎるように感じた。メッセージ性を高めるよう彼女は修正を加えることにした。ボストンにある出版社、ポウライン・ブックス&メディアで終日働いているため、時間をやりくりして、修正案をSNSに掲載した。すると、すぐに大勢の人々から彼女の文面に賛成だという支持が寄せられた。そのウォルフが修正してまとめた最終の文面とは、次のようなものであった。

【マーケット・バスケットの現CEO、取締役会、および株主の皆さんへ】
不買運動はマーケット・バスケットの従業員によるものでなく、客によるものです。
不買運動をしているのは、あなたの客なのです。
売上をもたらすのは、あなたの客なのです。

企業の命運を握るのは、あなたの客なのです。
アーサー・TがCEOに復帰するまでマーケット・バスケットで
買物をしないと決めたのは、あなたの客なのです。
この広告料を支払ったのは、あなたの客なのです。
#YouCantFireCustomersWeQuit（あなた方は客をクビにできない、私たちが買物しないのだ）

この文章でウォルフが伝えたかったことは、主に二つあった。

まず、このメッセージが客から発信されていることを明確に示すこと。つまり、アーサー・Tを復帰させない限り、二百万人の客を敵に回すことになると、取締役会、新CEO、過半数の株主たちに示すことだ。二行目の文章からもそれがわかる。そして、二つ目の目標は、不屈の決意を伝えることだ。ウォルフはマーケット・バスケットの客たちは不買運動に真剣に取り組んでいると新聞の読者にわからせたかった。これらの意図が、文章の特に最後の三行の、「買物をしないと決めたのは、あなたの客なのです」「この広告料を支払ったのは、あなたの客なのです」「あなた方は客をクビにできない、私たちが買物しないのだ」から読み取れる。

この意見広告は掲載されてすぐに大反響を巻き起こした。

SNS上でも大きな話題になった。と同時に、全米の主要メディアでも取り上げられた。

デイヴィッド・グリーンバーグは、ミュージシャンの芸能事務所のマーケティング・ディレクターで、マサチューセッツ州グロースターやダンバーズのマーケット・バスケットでよく買物をする。マーケット・バスケットは品ぞろえ、価格、サービスのバランスがすばらしいと彼は思っていた。二〇一四年の夏が始まろうという頃、グリーンバーグは好物のジンジャービールを作り始めた。マーケット・バスケットの生姜は新鮮で、しかも価格が安いので大量に購入できた。他の買物客も指摘するように、マーケット・バスケットは商品の回転が速いため、他の多くのスーパーマーケットよりも新鮮な青果物が手に入るのだ。また加工食品の売場には「さまざまな種類の商品が揃っている」。さらには、競合店のショーズやストップ&ショップでは三、四台のレジしか開いていないが、マーケット・バスケットでは「レジが二十台あり、すべてが開いている。そのうえ、袋詰め係がちゃんと配されているので、レジ待ちの列が長くてもすごく速く精算が終わる」。そういう数々の点がグリーンバーグは気に入っていた。

グリーンバーグは、デモーラス一族の諍《いさか》いについてほとんど知らなかった。しかし、新CEOのソーントンとグーチが、ストライキ開始直後に新聞に掲載した声明は読んで覚えている。彼らが用いたのと同様の言い回しを、他の企業のCEOたちがしていたのを見聞きしたことがあった。それら企業はいずれも〝人間〟よりも〝利益〟に関心を持つ企業で、そのトップたちは「従業員や客が会社にとって必要不可欠な存在」だとは考えていないのは明らかだった。取締役会のお偉いさんや新CEOは、おそらく「会議室とか、居心地のいい場所で、ゆったりとふんぞりかえっているに違いない」。それは客のニーズや要望からはかけ離れた場所だ。いずれにせよ、マーケット・バスケットの新CEOたちは顧客の店に対する思い入れを理解していないし、きちんと理解することもできないだろう、とグリーンバーグは思った。

グリーンバーグは憤り、何か行動を起こさずにはいられなかった。そこで、客から署名を集めることにした。顧客の思いを形にし、本部に届けることが目標だった。数千人の署名をプリントアウトして新CEOに示せれば、客たちがマーケット・バスケットのビジネスモデルを愛している事実にCEOたちは対峙せざるを得なくなるだろう。むろん、それによって事態が変わるという甘い幻想を持っていたわけではない。しかし、自分たち客の声も届ける必要があると彼は考えたのだ。

オンライン署名運動サイトのMoveOn.org（ムーブオン）は、八百万件超の署名運動コミュニティの場になっているといわれる。過去にはイラク戦争の停止や経済的公平性を訴えた草の根運動にも場を提供した。〝マーケット・バスケット一家〟の抗議運動も、企業の貪欲さに対抗して戦う草の根運動なので、グリーンバーグにとってムーブオンは署名を集めるのに適した場だった。客による客のための署名活動であることが重要だとグリーンバーグは思ったので、何も条件は設けなかったが、この署名活動は、従業員でもなく遠く離れた地域の傍観者でももちろんなく、いつも買物している利用客たちの声を代表するものであることを明記した。

最初は数件の署名から始まった。その後の数日は穏やかなペースで署名が増えていった。

署名が二百件を超えた頃、ムーブオンを運営する人たちが関心を持った。彼らは全国紙でこの抗議運動のことを知ったところだった。ちょうどこのネット署名活動も弾みがつきつつあった。そこで、彼らはグリーンバーグに何か手助けできることがあればと支援を申し出た。

グリーンバーグが、じつは署名をプリントアウトして取締役と新CEOに送りつけることが目標なんですと説明すると、ムーブオンはさっそくその印刷代の提供と、この署名活動を最も目立つフロントページに掲示することを約束してくれた。さらに、フェイスブックや他のソーシャルメディアに載せる広告料も提供してくれ、署名活動の認知度を高めるさまざまな提案をしてくれた。ムーブオンは、マサチューセッツ州とニューハンプシャー州に住んでいてこれまでにムーブオンを通じて署名をしたことがある人々全員に、この署名活動のことを知らせるメールを即座に送った。

その効果はてきめんで、突然、署名数が飛躍的に急増し、数千件になった。グリーンバーグはムーブオン経由で、署名してくれた人々みんなに感謝のメールを送った。ムーブオンはいかなる署名活動の管理者にも署名者のメールアドレスを公開しないが、管理者の感謝メールをムーブオンから送ることはできる。グリーンバーグは感謝を述べるとともに、友人や家族にもこの署名活動のことを広めてほしいと依頼した。

その間、グリーンバーグはフェイスブック『セイブ・マーケット・バスケット』を閲覧して、人々がこの抗議運動についてどのような感想を持っているかを注意深く見続けた。驚いたことに、フェイスブックの投稿に「このデイヴィッド・グリーンバーグって何者?」と自分の名前が現れ始めるようになった。そのうち、この署名うんぬんはもしかしたら抗議行動に協力的な従業員を特定し解雇するための新CEOの罠ではないか、と従業員たちが疑い出す始末。グリーンバーグは疑いを解くために投稿して身分を明かし、自分の意図を説明しなければならなかった。

署名数はその後も勢いを失わず、ついに二万件に達した。この時点で、グリーンバーグは一定のインパクトを与えるのに十分な署名数になったと確信した。署名リストをプリントアウトしてみると、それは二千百七十一ページにもなり、積み上げると五インチ（一三㎝）の高さになった。そこで、彼はそれを写真に撮って、できるだけ多くの人々に送信し始めた。

まず取締役たちにメールした（一部の取締役のメールアドレスはさまざまなウェブサイトで探し当てた）。テレビのニュース番組でインタビューされた学者たちにも連絡をとった。さらに、テレビ局にも署名のプリントアウトと写真を送った。フォックス・ニュースが興味を示して取材を申し込んできたが、グリーンバーグは取材を断った。理由は、このテレビ局が不買運動のほうを伝えるのではなく、客がマーケット・バスケットで単に買物をしているニュースを報じていたからだ。これは自分の意図する目標と合致しない。

取締役たちは、送付されてきた写真を見たかどうかは確かではない（もし見たなら、驚いて言葉を失う効果は果たしたはずだが）。ともかく、このグリーンバーグの行動は、個々の客が実行しうる最善の方法で抗議運動に貢献した好例として、注目するに値する。

ところで、多くの客はただ不買運動をするだけでは満足しなかった。もっと別の方法でも貢献したかったのだ。やがて彼らはこれまでにない革新的な方法を考え出した。

毎週末、食料品をまとめ買いする客たちは、ピケを張る従業員に〝応援〟のクラクションを鳴らしてマーケット・バスケットの前を通り過ぎた後、近くのハナフォード、ショーズ、その他の競合スーパーマーケットまで買物に行った。いつもは百五十ドルとか百七十ドルで済む買物に二百ドルを支払わなければならなかった。買い物後も、彼らはまっすぐ家に帰らない。マーケット・バスケットの駐車場に車を停め、店の前まで歩いて行き、壁や窓に先ほどの買物のレシートを貼りつける。「ほら、あなたたちは今日、これだけ損をしたことになるんですよ」という意味をたっぷり込めて。

顧客たちが、アーサー・Tの復職を求める闘いに加わった。彼らは、ハナフォード、ストップ＆ショップやショーズなど最大の競合店に買物に行き、帰りにマーケット・バスケットに寄って、写真のように店の入口にレシートを貼り付けた。他の店で買うという意思を見せつけるために。Photo by Daniel Korschun

このやり方があっという間に広まり、大半のマーケット・バスケットの店先周囲には多数のレシートが垂れ下がった。レシートはアーサー・Tのポスターの横に貼りつけるのが好まれた。外壁にとりついた白い〝短冊お化け〟は、いずれの店でも六インチ（約一五cm）から二フィート（約六〇cm）の長さで揺れていた。まるで入り口を飾る吹き流しのようだった。

　このほか、SNS上ではクリエイティブな支援が展開されたりもした。

　たとえば、マーケット・バスケットを題材にした複数の替え歌がユーチューブにアップされた。取締役会を装った偽のツイッター・アカウントも登場した。そのツイッターでは、会社のキャッチコピー「モア・フォア・ユア・ダラー（さらなる価値を）」の代わりに「モア・ヨット・フォア・ユア・ダラー（客のお金でもっとヨットを）」のキャッチコピーで皮肉った。別の偽ツイッターは、共同CEOであるジェームス・グーチのアカウントであるかのように見せかけた。さらに別のアカウントでは、もう一人のCEOのフェリシア・ソーントンの名でウェブサイトを開き、マーケット・バスケットの従業員を支援するサイトとして活用した。そのサイトFeliciathornton.comに掲載されたメッセージによると、「エンターテインメント目的のみ」と記載されていた。

ツイッターのハッシュタグ#SaveMarketBasketや#MarketBasketStrong、#ShutItDownは非常に人気で、客は売場の空っぽの棚や空の駐車場、支援者が抗議集会を行う様子を写真に撮り、次々にツイッターやフェイスブックに載せた。

さらに、熱い夏にピケを張る従業員たちに差し入れをした客も少なくない。ストライキ期間中でも特に暑かったある日、リッチー・イタリアン・アイスのオーナーはトゥークスベリーでピケを張る従業員にたくさんのアイスクリームを届けた。「三二℃をゆうに超える日にこの上ない差し入れだった。大切にされていると感じた」と冷蔵品スーパーバイザーのダイアン・パターソンは、思い出しながら語った。「お客さまからのこんなことがトゥークスベリーで起こったことはないし、どこでもあり得なかったこと」と話すのは受取勘定担当スーパーバイザーのリンダ・クーリス。「六週間ずっとそうだった」と、パターソンは本当に大勢の応援を受けていたことを付け加えた。

「お客様は現在、この運動全体をけん引する機関車です。お客様がこの会社を閉鎖したのです。

そして、僕らが戻るまでお客様は店に戻るつもりはなく、僕らも、僕らのボスが戻るまで戻るつもりはありません」

ある抗議集会で、八人組の一人、スティーヴ・ポーレンカは、そう演説している。

13 最後の一撃

マーケット・バスケットの元の経営幹部たちが解雇されるなどして職場を去ってから、マーケット・バスケットと納入業者との関係は変化した。本部にはほぼ誰もおらず、公式な連絡網は一夜にしてなくなった。注文は途絶え、支払いもなくなった。

マーケット・バスケットとの取引に依存してきた納入業者は深刻な状況に陥った。

フェニックス・フーズもその一社だ。この会社は、加工食品や日用消耗品を納品すると同時に、紙製品、シリアルやパスタなどマーケット・バスケットのオリジナル商品を供給していた。

「マーケット・バスケットは地元企業で、当社をずっとひいきにしてくれた」とフェニックス・フーズの創業者、ジョン・マグリアーノは語った。しかし、「注文は約五週間なし。マーケット・バスケットの営業が正常に戻らない限り、当社は基本的に廃業状態だった」と事業を手伝う息子のジム・マグリアーノは言った。

メリマック・バレー一帯にはたくさんの農園があるが、これら農園の売上減少も深刻な状況に陥った。メシュエンにあるリバーサイド・ファームは毎年の夏の終わりには、二万本の菊を地域一体のマーケット・バスケットに納品していた。だが、この年はまだ納品先が決まらないままだった。

かつてマーケット・バスケットで働いた経験を持つ農園主のジョン・シモーネは「大打撃だ。生花栽培で損失を出すと、崖っぷちに立たされる。粗利が非常に少ないので、こういう事態に遭遇すると、挽回することはできない」と。

メシュエンの同業者、プレザント・バレー・ガーデンも別の買い手を見つけあぐねていた。三十年間、この農園はマーケット・バスケットに、夏季には野菜を、夏の終わりと秋には菊を、春にはイースター用の生花を納めていた。

夏に採れるカボチャ、ズッキーニ、レタスなどの野菜は買い手を見つけたが、マーケット・バスケットとの契約価格よりも安くたたかれたと農園主のリッチ・ボナーノは言う。栽培した八万本の菊のうちの五万本を自然食スーパーマーケットのホールフーズが購入してくれたが、価格はやはり安かった。

「収穫のピークを迎えつつあったのに、カボチャは売りさばくことができなかった」とボナーノは言う。彼の農園は売上の三分の二をマーケット・バスケットに依存しているが、百年続くこの農園は何とか切り抜ける余力があった。しかし、民間農業者団体、マサチューセッツ・ファーム・ビューロー・フェデレーションの代表でもあるボナーノは、この地域の小規模農家にとってマーケット・バスケットからの注文が必要不可欠であることはよくわかっていた。

「たとえば、二十社以上のスーパーマーケット・チェーンに農産物を供給するカリフォルニア州の生産者にこのようなことが起こっても、たいした被害はないだろう。しかし、マーケット・バスケットはずっと、できる限り地元産の農産物を仕入れる努力をしていて、それが素晴らしいことでもあったのだが、それだけにこの地域では、マーケット・バスケットを大きな販売先とする農家への打撃は非常に大きい」

また、ニューハンプシャー州の複数の町政も影響を受けた。

ニューマーケットなどの町役場は特製の有料ごみ袋をスーパーマーケット等を通じて販売する。その売上を完全に回収するには何週間もかかる。しかし、「マーケット・バスケットは常に支払いが速かった。請求書を送ると、十一日から十四日以内に支払いがあった。ところが、突然、支払いが一か月後になった。それで何かが起こっていると察知したんです」とニューマーケット町の行政官であるスティーヴ・フォーニエは言った。

従業員たちに味方して、取引先の中には自ら犠牲を払うことを決めた企業もあった。

解雇された幹部社員たちは取引先に対して、抗議運動が終了するまで商品納入を停止するか、納入を遅らせてくれるように依頼した。それぞれの企業はどうすべきか思い悩んだが、多くの取引先は長年、場合によっては世代を越えてマーケット・バスケットに恩義を感じてきたところも多い。ある社は、アーサー・Tに対する支持をはっきりと表明し、また目立たぬよう支援する社もあった。

ボストン・スウォード&ツナ社のCEO、ティム・マレー。二〇一四年の抗議運動で、最も明確に自分の意見を表明したのはおそらく彼かもしれない。

マレーの会社は、カジキ、マグロなどの魚介類をスーパーマーケットなどに販売している。マレーは「浮き沈みも多く、沈没しやすい」水産業界で三十年以上、納入業者、従業員、納品先とうまく付き合いながら会社を切り盛りしてきた。

マレーと彼の共同経営者であるマイケル・スコラは、二〇〇七年に競合する水産物卸企業に替わって取引を始めて以来、マーケット・バスケットとは何年間にもわたり強い関係を築いてきた。最初にマーケット・バスケットのバイヤーがマレーの施設を視察にきたとき、彼らは来社の意図を話さなかったにもかかわらず、一週間と経たずに発注が始まった。マレーとスコラは自社の超一流の施設を誇りにしていたが、マーケット・バスケットのバイヤーたちがそれに感心したかどうかは定かではない。それでもとにかく、新しい契約はありがたかった。

最初の注文はカジキとマグロだった。カジキとマグロはいろいろな種類とサイズが入荷するので、天然魚の中で最も値付けが難しい。しかし、作業を順調にこなしたところ、これで合格とみなされたのか、マーケット・バスケットからの受注量は急激に増加。数年のうちには、ホタテ貝や鮭を五十店以上に供給するようになった。いまやボストン・スウォード&ツナ社は、マーケット・バスケットの魚介類の取引先の中で最も取引高が多い企業の一つに数えられる。

マーケット・バスケットと取引すると、「さわやかな気持ちで」取引ができた。マーケット・バスケットは消費者に低価格を提供するが、「最初に彼らから自分たちは安物売りではないとくぎを刺された」という。マーケット・バスケットのバイヤーは魚介類についての知識が豊富で、しかも地元企業同士だったので、すぐに強い関係を築けた。

一方、他の取引先ではこうはいかない。ボストン・スウォード&ツナ社の最初の取引先のひとつだったメイン州ポートランドに本社を置くハナフォードが、デレーズ・グループ（ソーントンとグーチの新CEOによるマーケット・バスケットの売却先と目されていた、ベルギーに本社をもつ世界的小売グループ）に買収されたときのこと。それまでハナフォードには魚介類についての商品知識が豊富なバイヤーが揃っていた。しかし、デレーズは、メイン州にいる彼らバイヤーを異動させることなく、魚介類の調達拠点をノースカロライナ州に移してしまった。それ以来、「品質よりも値段交渉のほうに重きが置かれるようになった」とマレーは明かす。時間が経つにしたがって、マレーは商品の仕入れにかかったコストに見合う価格を提示するのに苦労するようになった。「それは建設的なビジネスではない。我々はまったくビジネスが楽しめなかった」。

マーケット・バスケットは商売上の意思決定も速く、他の小売企業と比べて必要な時に連絡がとりやすかった。また、マレーとスコラは、個人的にもこの企業が気に入っていた。スコラはマーケット・バスケットの社員たちと、ボストン・ブルーインズのアイスホッケーの試合をよく見に行く。一緒に外出するうちに、互いの家族とも知り合いになった。絆はさらに強まった。天然魚の避けられない相場変動があっても、個人的な関係のおかげで容易に信用し合えた。スコラは、マーケット・バスケットが広告する価格に見合うように最善の努力をして納品価格を決めた。マーケット・バスケットは前週にたとえばマグロで厳しい値引き交渉をしたときには、今週の鮭では値引きのプレッシャーをかけないようにした。それは両方が得するギブ・アンド・テイクの「最高の取引関係」だった。

マレーは、アーサー・S側に支配された取締役会とアーサー・Tとの緊張関係を、他の取引先同様に、一年以上、注意深く見守った。二〇一四年夏にCEOがアーサー・Tからフェリシア・

ソーントンとジェームス・グーチに交代したとき、マレーは解雇された経営幹部たちの状況や関係する企業のことが心配でならなかった。マレーは「自分ができることは何でもしなければ」という恩義をひしひしと感じていた。

マレーとスコラは最初、支払われるはずの七十万ドルが支払われていないことに不安を覚えた。マーケット・バスケットはいつも支払期限を守る会社で、支払いが遅れるのは異常なことだった。問い合わせのために電話をしても誰も電話に出ず、メールが返信されることもなかった。

苛立ったスコラはマーケット・バスケットの本部に出向いた。声を揃えてスローガンを叫んでいる従業員の列を邪魔しないように通り抜けて正面玄関にたどり着き、請求書を掲げながら、フェリシア・ソーントンに面会したいと警備員に告げた。面会に応じたソーントンはスコラの話を聞き、すぐに四十万ドルの小切手を切って、彼に渡してくれた。スコラは小切手を握りしめ、抗議参加者の横をすり抜けた。

支払いを受け取ったことでマレーのプレッシャーは取り除かれた。しかし、その直後、看過できない事があり、彼は本気で状況を心配することになった。

この抗議行動が何週間か経った頃、マーケット・バスケットから複数回の過入金があったのだ。最初の過入金は八万三千ドルにものぼる。マレーとスコラは先の小切手を破り、ソーントンに無効であることを示すために破った小切手を送り返した。

また、新しい生鮮食品担当の責任者を雇ったとソーントンは言ったが、発注はまったくこなかった。その後すぐに、新しい責任者（ソーントンが以前働いていたアルバートソンズから来た）から電話を受けた。彼は、ボストン・スウォード&ツナ社がいつも供給している通り、それぞれの魚介類を七十一ケースずつオーダーするつもりだと言った。そして、小切手が送られてきたが、これも過払いであった。しかも今度は四十一万五千ドルだった。

マレーにとって、これが「最後の一撃」だった。

マレーは思った。度重なる過入金は、アーサー・TがCEOに返り咲いても会社を立て直せないほど壊滅的な状態にするために、会社の銀行口座にある金を放出しようとしているのではないかと。アーサー・S側が「計画を妨害するアーサー・Tと彼を支援するすべての関係者に対して憤るあまり、がらくた同然になった会社をアーサー・Tに売却する目的で」、計画的に行っているのではないかとマレーは推測した。そう考えればつじつまが合う。

もちろんマレーは、この過入金の本当の原因を知っているわけはなかった。

しかし、その原因が悪意によるものにしろ、単なる管理ミスにしろ、こうした過入金の事実があることを白日の下にさらす必要があった。そこで、彼は「長年の忠実な取引先からの書簡」というタイトルで、自身のウェブサイトに公開書簡を書いた。そこには、ソーントンとグーチの支配下にある限り、マーケット・バスケットとのすべての取引関係を解消するとマレーとスコラが決定した理由を書いた。マレーにとってこれは「正しいこと」であり、スコラも「僕らも何かしなければならない」と賛同した。

マレーは、自分自身と自分の会社を瀬戸際に追い込んでしまっていることに気づいていた。当然、友人や家族は心配した。「何をしようとしているかを自覚してほしい。さんざんな目に遭うことになる」と忠告した人もいた。彼らが心配したのは、訴訟を起こされる恐れがあるということだった。マレーは事実だけをとらえ、個人を非難しないよう細心の注意を払った。火に油を注ぐようなことはしたくなかったが、政治家やマーケット・バスケットの良心ある少数派株主の注意を惹きたかった。そして、彼らが想像しているよりも状況はかなり悪いのですよと、彼らに警告したかった。

マレーは書簡を、さらにボストン・グローブ紙に送った。

ボストン・グローブ紙はその抜粋を掲載した。その書簡は、ブログ『ウィー・アー・マーケット・バスケット』にも掲載され、数日で七千件以上の反応があった。他の新聞もこの書簡について扱った。そして、この書簡は、この抗議行動の形勢を一変させる原因のひとつになった。

マレーは公開書簡を書いたことを一切後悔していない。「僕の四十五年ほどのキャリアの頂点だった」とマレーは言う。

マイケル・フェアブラザーは、マーケット・バスケットにハニーワインを納めるムーンライト・ミーデリー社のCEOだ。ムーンライトをはじめとするハニーワイン醸造所は、蜂蜜から抽出した糖分を発酵して樽で熟成させ、ワインやスパークリングワイン、メロメル（果実風味のハニーワイン）を造る大昔からの製法を復活させたことでも知られる。

甘いハニーワインへの関心も再燃し、全米だけでなく国際的にも事業拡大に成功した。事業を始めて二十年が経ち、米国三十州に販売エリアを広げ、オーストラリアなどの海外にも販路を開拓した。現在、中国の輸入業者とも交渉中だ。

じつはフェアブラザーは、この地域の多くの十代がそうであるように、十五歳のときに短期間だったが、初めての仕事としてマーケット・バスケットで働いた経験があった。それゆえ、フェアブラザーはマーケット・バスケットを最も重要なクライアントで戦略的パートナーの一つと考えている。酒類に関する州法によってマサチューセッツ州では商品を販売できないが、ニューハンプシャー州のマーケット・バスケット全店舗では販売している。

フェアブラザーによれば、マーケット・バスケットの交渉術は驚くほど巧くて、舌を巻いてしまうほどだという。マーケット・バスケットの社員たちは物腰も柔らかく話の分かる人々ではあるけれど、それに騙されてはいけないと彼は仲間に忠告している。「マーケット・バスケットと仕事するときは、その辺の人と交渉しているつもりになるな」と彼はくぎを刺す。

以前、こんなことがあった。マーケット・バスケットとの共同企画を行った際に、彼は、ある商品の納品価格を一か月間引き下げたところ、マーケット・バスケットはその値引き分の料金を買物客に還元した。それはムーンライト・ミーデリーの製品を知ってもらうのに大いに役立ち、売上は好調だった。マーケット・バスケットはセール期間中に大量に商品を仕入れ、セールが終わった後の在庫を確保。これによりマーケット・バスケットはセール終了後の少しの間、余分の粗利を稼ぐことができた。フェアブラザーはこの仕組みは全員の利益になったと言う。「当社の売上には大きな山ができ、マーケット・バスケットも当社製品からいくらかの利益を上乗せできる」。そのうえ、顧客もセール期間に買い得な価格で購入できる。

とはいえ、油断は禁物。マーケット・バスケットのやり方は賢いと認めつつも、「脇が甘いと、彼らはそれに乗じる可能性がある」と、フェアブラザーは常に手綱を引き締めるのを怠らない。

フェアブラザーの会社にとって、マーケット・バスケットは取引量が多い重要なクライアントだ。しかし、フェアブラザーがマーケット・バスケットを戦略的に重要な客先と考えるのはそれが理由ではなく、両社の付き合いの歴史による。ムーンライト・ミーデリー社は「かつてはファーマーズマーケットを渡り歩いて商売していたが、（マーケット・バスケットが）大手チェーンで最初に取引を始めてくれて」、フェアブラザーの会社を成長に導いてくれた。

他の小売企業は、地元メーカーや生産者を支援しています、などと強調するが、フェアブラザーが商談にいっても、相手にしてもらえなかった。それに比べて、マーケット・バスケットは非常にオープンだった。最初の商談相手は、ジュリアン・ラコースだった。会社で彼が使っていた個室は、彼が引退後、尊敬を込めて誰も使っていないという伝説の重役、あのラコースだ。「君が店で商品のテースティングをやってくれるならば、ぜひ商品を販売してみよう」とラコースはフェアブラザーに言った。

六か月ほど過ぎて、フェアブラザーの商品は非常によい業績を収めるようになり、ムーンライト・ミーデリー社は成長を始めた。「彼らが僕の人生を変えた。そして、今も変え続けている」。フェアブラザーはマーケット・バスケットを、単に商品を購入してもらっただけではなく、自分をよりよいビジネスマンに育ててくれた存在と考えている。それというのも、彼がマーケット・バスケットの一店舗だけでなく、複数の店舗で商品を販売したいと思っていた頃のことだった。コミュニケーションの行き違いから、フェアブラザー夫婦はマーケット・バスケットに電子メールで苦情を伝えたことがあった。後になって考えれば自分のミスだったとフェアブラザーは言うが、そのときはマーケット・バスケットが間違っていると思っていた。

他の企業のバイヤーならば、そんなメールを受け取れば、彼を無視するか、付き合い方を変えただろう。ところが、ジュリアン・ラコースの息子のジム・ラコースが電話をかけてきた。彼は後の抗議運動の際に解雇されることになる八人組の一人だ。「マイケル、会社に来てくれ。このメールを読む限り君は少し不快に思っているようだから、問題が何かをはっきりさせよう」。ジム・ラコースが自分に敬意を示しプロとして対処してくれたことに、フェアブラザーは深い感銘を受けた。ラコースとの面談が終わる頃には、何が行き違いの原因で、解決するにはどうすればよいかをフェアブラザーは理解した。そして、それ以上に、マーケット・バスケットのような大手企業とうまく付き合っていくには、彼らのプロ意識を見習わなくてはならないことを肝に銘じた。「彼らのような企業文化をつくり、そうした中で働く方法を身につけなければならない。つまり、きちんとした約束をとりつけ、誠意ある見込みを示し、目標を達成することだ」。フェアブラザーはこの経験から、さらにマーケット・バスケットに対して「深い信頼を置くようになった」。

何年もかけて、ムーンライト・ミーデリー社はマーケット・バスケットと良好な関係を結んだ。その間にフェアブラザーがいくらか軌道修正しなければならないこともあった。たとえば、彼の会社のスローガンは「グラスでロマンス」というもので、三十種類以上あるワインは、「エンブレース（抱擁）」「フリング（浮気）」「パラモア（愛人）」など意味深なブランド名を持つ。マーケット・バスケットが「デザイヤー（欲望）」というブランド名に難色を示したとき、フェアブラザーはすぐに「ブリスフル（至福）」に変更した。これは、両社が関係を深めてきた長年にわたるギブ・アンド・テイクの一例だといえる。

二〇一三年夏から二〇一四年夏の一年間、フェアブラザーは注文を受けた時や試飲会のために、マーケット・バスケットの店舗に出向くたびに、社内の緊迫した状況を知ることになった。バイヤーや店長から、アーサー・Tが解任される、会社を封鎖するつもりだ、との報告を受けた。

フェアブラザーは躊躇せず、大きな決断を下した。

部下にマーケット・バスケットに連絡するな、自社のワインを納品するなと命じた。「我々は傍観者としてみているつもりはない」と部下に言った。マーケット・バスケットというクライアントを失うことになれば「廃業に追い込まれるのは容易に予測できた」。それでもフェアブラザーは意思を曲げなかった。

「心からの共感を示しただけのことだ」とフェアブラザーは言う。彼に、自分を〝マーケット・バスケット一家〟の一員だと思っているかと尋ねてみると、「もちろんだ」との即答が返ってきた。フェアブラザーは自分の会社に近い店舗の従業員や本部のバイヤーと緊密な関係を維持している。またマーケット・バスケットの従業員も、頻繁に彼に会いに醸造所を訪ねてくる。

十五歳のフェアブラザーが、マーケット・バスケットで人生初の仕事を経験していたときのこと。いまでも鮮明に覚えている光景がある。「目の前を、フィッシュテイルのついたポルシェ911を駆って男が駐車場を走り抜けていった。そして、そいつが店に入ってきて働き始めた」。それはアーサー・Sだった。「彼は、自分が損をしそうなことは絶対やらないタイプだった」。

抗議運動がついに終わったとき、フェアブラザーは何週間ぶりに地元の店舗に行った。店長が温かく迎えてくれた。「ハグしたい気持ちだが、握手をさせてくれ。僕らの味方をしてくれて感謝してもしきれないほどだ」と店長は言った。

トニー・アブケーターは、マーケット・バスケット五、六店舗への焼きたてのパンの配送を請け負って十八年になる。毎日夜中の一時頃から配送ルートを回る。配達が終わるのは約十時間後、夜が明けてだいたい午前十一時頃になるが、消費者が昼食に何を食べるか決めるまでには十分間に合う。配達は体力が要求される仕事だ。人工膝関節置換の手術から回復しつつあるアブケーターにとってはなおさら。痛みで歩くこともままならないこともあった。

何年も前、配達中にばったりアーサー・Tと出会ったときのことをアブケーターは忘れることができない。CEOであるアーサー・Tが自己紹介するために近づいてきたことに恐縮した。数年経ったある日、アブケーターは息子のエリーとマイケルを連れて配達していて偶然、アーサー・Tに再会した。アーサー・Tはにこやかにアブケーター親子に話しかけてきた。アーサー・Tは息子たちに将来の夢や学校について尋ねた。息子の一人はマサチューセッツ大学ローウェル校に通っています、もう一人はノーザンエセックス・コミュニティカレッジに通い経営学を学んでいます、と話すと、アーサー・Tは自分を訪ねて翌日本社に来るようにと息子たちに言った。翌日二人が訪ねて行くと、アーサー・Tはそれぞれに千ドルずつの奨学金を渡した。それからずいぶん年月が経ってから、アブケーターの妻のアマルは、マーケット・バスケット・ヘイヴァーヒル店の開店セレモニーでアーサー・Tに会ったのだが、このとき彼女はアーサー・Tの人間性に深く感銘を受けた。彼はまだ彼女や息子たちの名前を覚えていたのだ。

二〇一四年夏、抗議運動が本格化したとき、アブケーターはピケに加わることに何の迷いもなかった。友人の中には、気が狂ったのかと忠告してくれる者もいた。アブケーターはその収入の九〇%をマーケット・バスケットに依存しているというのに、抗議運動に参加して、もしも運動が失敗したなら、もう仕事がもらえなくなると友人たちは心配した。しかし、アブケーター夫婦にしてみれば、アーサー・Tが経営の実権を握っていなければ、それは「違うマーケット・バスケットになる」ことにほかならない。

妻のアマルはこの抗議運動を振り返るとき、いまださまざまな思いが溢れ出ると言う。彼女は運動に参加したことを誇りに思っているが、犠牲も強いられた。アブケーターは自営で配達業を行っており、他の配達業者のような給与制ではないから、マーケット・バスケットからの仕事がなければ、アブケーター家には数軒のレストランへの配達仕事しか残らない。抗議運動中は住宅ローンなどの支払いにも追われ、家計は苦しかった。

それでも、アブケーターが数軒の配達を終えて帰宅すると、妻アマルが、本部の屋外のピケに参加しに行こうとスニーカーを履いて待ち構えていた。膝や背中に痛みがあり、アブケーターが歩けない日もあった。そんな日には、アマルは一人で参加しようとしたが、アブケーターは一緒に行くと言い張った。

夫婦は二〇一四年の七月と八月の二か月間、ほとんど毎日ピケを張った。あまりに痛みがひどいときは、アマルが行進している間、アブケーターは何か動かないものを探してそれに身を持たせかけて、プラカードを掲げた。CEOのフェリシア・ソーントンが帰宅するため駐車場から出るのが、ピケ終了の合図。皆が彼女の車をブーイングして見送った。

取引先すべてが必ずしも抗議運動に対して同じ考えを持っていたわけではない。しかし、いずれの取引先でも多くの人が、この抗議運動に加担する友人や仲間を思いやる気持ちを抱いていた。

運動が激しくなり、マーケット・バスケット本部へ通じるあらゆる道路が渋滞するようになった。

従業員たちは、新しい経営体制に対抗するストライキ、もしくはデモを行っていた。客は不買運動を行い、全店の売上高は九〇％減少した。納入業者さえも多くが納品を停止したり、従業員や客たちと一緒になってピケを張ったりした。

抗議運動が長引いていることが原因となって、新経営陣がもくろむマーケット・バスケットを売却する交渉は暗礁に乗り上げた。

この紛争を収めるには、外部の力が必要なのでは――。政治家の介入を当てにする人々も現れるなど、事態は抜き差しならない様相を呈し始めた。

14 人質

物流センターの従業員たちがストライキに入り、それに協力する納入業者が商品供給を停止し始めた直後の七月十九日、セカンド・エセックスとミドルセックス地区の州上院議員バリー・ファインゴールドに、ある考えが浮かんだ。

彼は州政府の財務官の選挙に出馬しており、選挙運動のためのイベントに出席していたところだった。しかし、マーケット・バスケットのことがずっと頭から離れないでいた。というのも、その前日、ファインゴールドはマーケット・バスケットの抗議集会に参加し、集会に参加した従業員や客たちの熱意に感動したのだった。

彼は、横にいた同じ州上院議員のサル・ディドメニコに次のように話しかけた。ディドメニコはミドルセックスとサフォーク地区が選挙区の代議士で、この地区にはマサチューセッツ州チェルシーも含まれる。

「関係する選挙区の選出議員全員に、マーケット・バスケットの不買運動を呼びかけようと思うんだが」

ファインゴールドはディドメニコからマーケット・バスケットの抗議運動の支援を取りつけようと、この運動を褒めたたえた新聞記事を見せた。

「どう思う？」

「バリー、いいアイデアだ。ぜひやろう」

二人は数日の間に、仲間の議員二十七人の賛同者を集めた。この議員二十七人の名前は、次の抗議集会で読み上げられた。その後まもなく、マサチューセッツ州とニューハンプシャー州の議員百六十人以上が賛同の輪に加わった。

ファインゴールドはこの地域で育ち、何年もマーケット・バスケットで買物をしてきた。そして、この地域にマーケット・バスケットがあることの重要性を、選挙区民から折りにふれ聞いていた。「この地域の住民の中には、給料ギリギリで生活をしている人も少なからずいる。食費が一〇％上がったら、他の生活費を削らなければならない人たちだ」とファインゴールドは説明する。

ファインゴールドは民主党の議員として党利党略での多くの経験があった。マサチューセッツ州は民主党の地盤として知られるが、全米どこでも、民主党色の強い地域はより民主党寄りに、共和党色の強い地域はより共和党寄りになりつつある。しかし、今回の件については、政党を越えて幅広い支持を得た。「私が関わってきた問題の中でも、民主・共和の両党が最も密に連携して解決を目指した問題のひとつだ」。

多くの人々はこれを従業員の勇気の物語だと見るだろうとファインゴールドは言う。これがもし単なる給与の支払いを巡る論争であれば関与しなかったと、彼は言い切る。「前のCEOが復帰しない限り、職を失っても構わない」と何千人もの労働者が声をあげているのを見てしまったら、仲裁せずにいられなかった。

抗議運動が始まって間もない七月二十一日の集会で、集まったマーケット・バスケットの従業員たちに向かって、ファインゴールドは次のように述べた。「皆さん全員がこれまでずっと私たち家族の食を支えてくれたのですから、今度は私たちが皆さんと共に立ち上がります」。

踏み込み過ぎではないかと、ファインゴールドら議員を批判的な目で見る人たちも中にはいた。これは一民間企業の問題であり、州政府がどちらかの味方をするべきではないという批判だった。だが、ファインゴールドたちはこのような批判を一切無視した。なぜなら、「これはなすべき正しいことだから」だと。

そして、ファインゴールドはこうも言った。「政府が問題解決者として手を貸すことができるときがあれば、関与することを躊躇すべきではないと思う」。

じつは、ファインゴールドは抗議運動初期の頃に、マサチューセッツ州知事を巻き込んで州政府全体が関与できたならと思い、デヴァル・パトリック州知事に話を持ち掛けていた。しかし、後述するが、マサチューセッツ州知事が介入したのは状況が八方ふさがりになってからだった。

ファインゴールドと同じ民主党の州上院議員、サル・ディドメニコは、トゥークスベリーで開かれたすべての抗議集会に出席し、二度演説をした。抗議集会の光景は格別だった。参加者の熱意に圧倒されたと振り返る。「会場の人の波をみると、テントを張り、旗やプラカードを手にしていた。それらはすべて彼らが自腹で購入したものだ」。

この地域の選出議員であるディドメニコは、彼らが困難な状況にもかかわらず団結していることにも感動した。何か困難が起きれば、「彼らは互いに支え合った」。そして、その都度、強くなっていくように見えた。「仕事、家族、夫、妻、子供を本当に必要とする人たちだ。彼らはすべてを失ってしまう可能性があったのに」。彼の選挙区の人々の多くは、英語が母国語ではない。そのような労働者たちが「立ち上がった勇気」に彼は特に心が揺さぶられた。

この店に対する客たちの愛情にもディドメニコは驚いた。「客たちは店に来店し続けた」。それは買物するためではなく、一緒にピケを張るためだった。紛争の早い段階からエヴェレット市議会のある元議員は、マーケット・バスケットの紛争は議員たちが遭遇するような大半の問題とはまったく異質だと感じたという。「すべてが前代未聞だった」。

この運動には学ぶ点が多いと感じたディドメニコは、自分の八歳と九歳の息子を抗議集会やピケに積極的に連れて行った。人々が信じるもののために平和的ながらも抗議して力強く行動するところを息子たちに見せたかった。「人々が何かを達成するために団結する様子」を見せようと思った。

政治家たちも急遽、アーサー・Tが復職することが地域社会のためにも望ましいと訴えた。マイクを持つのは、アンドーヴァーを地元とするバリー・ファインゴールド上院議員。その右にエヴェレットのサル・ディドメニコ上院議員、さらに右はローウェルの下院議員デイヴィッド・ナングル。ディドメニコの後ろにいるのはローウェルの上院議員エイリーン・ドノヒュー。Photo by Daniel Korschun

ある抗議集会のときだった。例の〝八人組〟の一人が、ディドメニコの息子にキリンのぬいぐるみを渡した。キリンは「自ら進んでリスクを取る」ことの必要性を人々に思い起こさせる、この抗議運動のシンボルだ。抗議運動の後も何か月もの間、息子はキリンのぬいぐるみを自分の傍らに置いていた。今もなお、そのキリン君は、自家用車に息子が乗るときのドライブのお供として、息子用のシートの横にいつも座っている。

ローウェル選出の州上院議員、エイリーン・ドノヒューもこの運動の支持を率直に表明した一人だった。彼女は市議会議員の後、ローウェル市長を務めたから、地域のことをよく知っている。二〇一四年夏、ローウェル市民だけでなく、彼女の選挙区であるローウェル郊外の小さな町々でも、あらゆる人々がマーケット・バスケットのことを気にかけていた。多くの市民から彼女はマーケット・バスケットを救うために何をするつもりかと尋ねられた。だが、それよりも多くの人々が彼女に聞いたのは、自分たちに何ができるでしょうということだった。

抗議運動が終わって数か月経った後、著者たちがドノヒュー議員にインタビューしたとき、インタビュー中、彼女は何度もあの出来事を「危機」と表現した。マーケット・バスケットが倒産したらどうなるか、抗議運動中に人々に悪影響が及んでいないか等々、さまざまなことを危惧した。「実際に、食料不足が起こり、本当に深刻な状況だった」とドノヒューは話す。

彼女も一民間企業の論争に政治家が首を突っ込むべきでないと何人かに言われた。「人々から『マーケット・バスケットは私企業で、あれはプライベートな問題だ』という指摘を受けました。確かに私企業ではあるけれど、公共財にも影響は及んでいた。生活必需品の面で、それは非常に大きな影響でした」。

たとえば、ドノヒューはローウェル市に住む六十歳以上の人々に奉仕する活動を行っているが、抗議運動の期間にマサチューセッツ州ウェストフォードの高齢化問題協議会を訪れることがあり、そこで多くの高齢の市民と対話をした。「高齢者施設からバスを利用してマーケット・バスケットへ買物に行っていたお年寄りにとって、この騒動がいかに深刻な問題であるか、そのとき痛感した。マーケット・バスケットで何も購入できないことが、彼らの生活に深刻な打撃を与えていた。彼らにとって、その物理的、精神的負担はあまりに大きかった」。

それでも、これら高齢者ですら、マーケット・バスケットを応援し、その強い気持ちは揺らがなかった。

ドノヒューは職場を愛する従業員たちの気持ちにも心打たれた。「彼らはアーサー・Tを、アーサー・Tは彼らを、互いに深く信頼し合っているのがよくわかったんです」。

抗議集会は、ニューイングランド地方の人々にとってより大きな意味を持った。「この抗議運動が人々に与えたメッセージは、世の中で最も大切で尊重すべきものは人間の心だということ。運動の結果は不確かで、一か八かの大きな賭けだったけれど、アーサー・Tが私たちの地域社会、ニューイングランド中の地域のために奉仕してくれたから、私たちも戦ったんです」とドノヒューは語った。

このように、マサチューセッツ州とニューハンプシャー州の議員がマーケット・バスケットの従業員側を擁護した事実からも、この運動が幅広い層から支持されていたことがわかる。一方で、政治家の介入は、事態の深刻さも意味した。

ニューハンプシャー州の州知事マギー・ハッサンと、マサチューセッツ州知事のデヴァル・パトリック（二〇一五年一月に任期満了）は、この運動の推移に非常に関心を寄せていた。なぜなら、数十億ドルの売上規模の企業が崩壊するとなると、州の経済は大きな打撃を受けると予測されるからだ。

早くからこの事件に関与したのは、ニューハンプシャー州・ハッサン知事のほうだ。

この紛争がマーケット・バスケットを倒産に追い込みつつあった。マーケット・バスケットが倒産すると、影響が地域に広がり、随所に大きな打撃を与えるだろうと懸念した。すぐに頭に浮かんだのは、州内の雇用への影響だった。マーケット・バスケットはニューハンプシャー州内でフルタイムおよびパートタイムを約八千人雇用している。州で最も大勢を雇用する企業のひとつなのだ。

二〇一四年十一月に行ったインタビューでハッサン知事は、こう話している。「知事として試みたことは、自分の州の雇用を保護すること、民間企業がより多くの雇用を創出できるように図ること。それが州知事の職務だ」。この紛争が収まらなければ、巨大規模の地震もしくは破壊的な大嵐のような災難をもたらすだろう。マーケット・バスケットの従業員だけでなくニューハンプシャー州内の多数の労働者が職を失うことになれば、州の失業給付金制度にもダメージが出る。「この紛争は、わが州に大きなツメ跡を残した天災によく似ていると思う。もし多くの店舗が大雨や大嵐で浸水したり、壊れたりすれば、それら店舗の全従業員が仕事を失う。そうなれば、州政府が会社再建の支援をしようとするだろう。突然仕事を失った人々を助けるために州政府はできることをやるはず。私が思うに、この紛争は、ある日、突如発生した天災のようなものだ」。

ハッサン知事は買物客のことも気にかけていた。特に、マーケット・バスケットの買物で「限られた家計費をやりくりしている人々」を心配した。実際、マーケット・バスケットは、ニューハンプシャー州の大都市部の地区においてはマサチューセッツ州よりも大きなマーケットシェアを握っている。それほどマーケット・バスケットは、ニューハンプシャー州の地域社会に深く浸透していた。

騒動がピークに達しようとしていたあの夏の間、知事室にはマーケット・バスケットの顧客たちから何百件もの電話がかかってきた。紛争の解決に手を貸すつもりがあるのかと行政の意向を尋ねた。公的なイベントなどではもっと多くの人々が彼女に声をかけてきた。この抗議運動の行方が、ニューハンプシャー州民の気持ちに重くのしかかっていたことは明らかだった。ハッサン知事家の食卓でさえ、マーケット・バスケットのことがいつも話題に上った。彼女の夫は「マーケット・バスケットの熱烈なファン」で、ハッサン知事に不買運動が広がっていることを教えたのも、じつは夫だった。

結果的に、ハッサン知事は問題解決に深く関わったが、一人では困難だった。マーケット・バスケットは複数の州で店舗を展開しているので、州をまたいだ解決が必要だった。

ニューハンプシャー州とは異なり、マサチューセッツ州の知事、デヴァル・パトリックがこの紛争に踏み込むまでには少し時間を要した。

この問題についての考えを初めて尋ねられたとき、彼は加担するつもりがないことを表明した。そして、できるだけその件についてのコメントを避けた。しかし、何週間にもわたって毎日、地元紙の一面にこの抗議運動についての記事が載るなか、自分の意見を表明しないでいられる期間はそれほど長くは続かなかった。八月八日に開催された報道会見で、パトリック知事はいよいよ発言せざる得なくなった。

だが、そのときは短く考えを述べるにとどめた。「ご存知のように、これは、マーケット・バスケットのボスを誰にすべきかを巡る論争です。ただ、非常に激しい論争になっており、従業員、消費者など多くの人々にまで多大な影響を与えています。私としましては、ぜひとも取締役会がなんとか問題を解決することを望みます。……マーケット・バスケットのこの問題は……民間の一企業の問題であり、一家族の問題ですから」。

このコメントに、抗議行動の支援者の多くが憤った。パトリック知事は取締役会が解決すべき問題と言うが、取締役会はアーサー・Sに支配されていたから、知事の発言はアーサー・S側への暗黙の支持と理解された。そして、パトリック知事の妻、ダイアンが著名な法律事務所であるロープス＆グレイの役員であることまで判明して、支援者たちはさらに憤慨した。ロープス＆グレイは、いまや〝敵方〟であるアーサー・S派の取締役三人と顧問弁護契約を結んでいた。この偶然が疑いを生んだ。

次の数週間にわたり、パトリック知事はできるだけこの論争に関わらないように努めた。これは企業内の論争であり、売却の話があるならスムーズにまとめるように取締役会に提言するという姿勢を貫いた。抗議者たちは、ただ特定の一人をCEOに選びたいだけだとパトリック知事は考えていた。

抗議者たちに言わせれば、彼の論点はズレていた。

もちろん、彼らの第一の要求はアーサー・TのCEO復帰である。しかし、彼らは本質的にはマーケット・バスケットの企業文化を守るために戦っていた。つまり、何千人に働き甲斐のある仕事を提供し、何百万人に手ごろな価格で食料品を提供する企業を維持したかった。アーサー・Tはその文化の象徴なのだ。彼を経営者に戻すことこそがその文化を守る最も確実で唯一の方法であった。

確かにアーサー・Tは、この抗議運動の象徴だった。マーケット・バスケット店内や抗議集会に掲げられ、よく知られるようになったアーサー・Tのポスターは、バラク・オバマの二〇〇八年大統領選のポスターを模したものだ。有名アーティストのシェパード・フェアリーがデザインした偶像的なポスターには、物思わしげに空を見つめるオバマが描かれている。くすんだ赤色と青色から成るアンディ・ウォーホール風のポスターの下部には決まって「希望」または「信頼」という言葉が添えられた。マーケット・バスケットの抗議では、これと似たデザインでオバマの代わりにアーサー・Tの顔写真を抽象化して描いた。すべての店や抗議集会だけでなく、車の窓にも貼られた。いろいろな場所で、このポスターを見かけた人々に抗議の支援対象を常に思い起こさせた。このポスターによって、アーサー・Tは象徴としての意味合いを持つことになったといえる。そして、それは数週間の抗議中に次第に皆に浸透した。

八月も中旬になった頃。ようやくパトリック知事はこの紛争についての詳細なコメントを初めて公表した。それはちょうど、減少した売上に見合うよう人件費を削減するようにマーケット・バスケットの新CEOが各店長に指示した直後のことだった。パトリック知事はこの問題に関わることに長い間気が進まなかったが、八月十三日にアーサー・T、アーサー・S、取締役会会長のキース・コーワンと面談したことをその日のうちに発表した。

それでもなお、パトリック知事は、最終的な意思決定を行うのは取締役会であって、抗議者たちは自分たちの権限を越えた行動をしているという立場を維持した。しかも、その後のコメントの中で、仕事に戻るよう呼び掛けたことでパトリック知事は従業員たちを再び憤慨させた。この州議事堂でのスピーチの後、記者会見が行われたのだが、そのときパトリック知事は、「従業員たちはプライベートな紛争の人質に取られている」と語りながらも、従業員たちに向け、抗議運動をやめるように訴えた。「仕事に戻ることで会社を安定させる力をあなたたちは握っている。

上の人間が企業買収の交渉をまとめている間に、事態が収拾することを望む」。その日の午後、キース・コーワンらアーサー・S派の取締役たちは、知事に賛同するとの声明を発表した。

従業員が運営するウェブサイト『ウィー・アー・マーケット・バスケット』は、すぐにパトリック知事に反論した。「たとえ知事や取締役会、いかなる権力に何と言われようと、我々は仕事に戻るつもりはない。アーサー・T・デモーラスが完全な権限を持って会社に復帰したとき、もしくはアーサー・Tにマーケット・バスケットを売り渡す契約が結ばれたときに、我々は仕事に戻る」。

記者会見で報道陣はパトリック知事に、マーケット・バスケットの売上高が激減したためにパートタイム従業員が一時解雇状態にあることについての考えを聞いた。それに対して彼は、「そういう状況になるのを見たくなかった。州民の誰しもがそうだろう。もちろん従業員たちも」と、的を射ない答えを返すばかりだった。

どちらかに加担するのを好まない政治家はパトリック知事だけではない。マサチューセッツ州の州上院議員であるエリザベス・ワレンとエド・マーキーは何週間もこの問題についてまったくの沈黙を続けた。二人の中でもワレンは労働者の権利を守ることで名声を得てきたため、特に辛辣に酷評された。彼女は八月十九日になってついに、取締役会とCEO交代を非難する断固とした声明を発表したが、自らがこの紛争に関わることはなかった。

その間に、アーサー・Tは、アーサー・S側が所有する株式五〇・五％を購入することを提案し、話し合いに入った。じつはアーサー・Tは何週間も前にこれを申し出ていたのだが、噂によるとアーサー・S側は数週間を費やしてデレーズ・グループなど買収の意思を示す企業の条件と比較検討していたらしい。しかし、買収希望の各企業は、不満を持つ従業員、不買運動中の客、取引停止中の納入業者――そんな状況の会社を買収しようとすることにだんだん腰が引けたのだろう、いくつかの交渉が暗礁に乗り上げ、最終的にアーサー・Tからの申し出だけが残った。そのうえ、アーサー・Tは抗議運動前の株式価値で算出して、アーサー・S側が所有する五〇・五%のすべてを買い上げると提案した。その金額は、約十五億ドルと予測される。

重い腰をあげ、仲裁に乗り出した動機についての取材を、著者はデヴァル・パトリック知事に申し込んだが断わられてしまった。けれども代わりに、知事の主任スタッフであるリチャード・サリヴァンから話を聞くことができた。

「民間企業やその買収に関与することは州政府の役割ではないと、知事は早期から明確にしていた」とサリヴァン。しかし、抗議行動が、雇用や、消費者が手ごろな食品を手に入れることに及ぼす影響が大きくなるに至って、「事態は限界点に達したと知事は判断した」。マーケット・バスケットは切迫した難しい局面にあり、「知事だから果たせる役割があると感じ、両者を召喚。アーサー・T、アーサー・S、取締役会会長のキース・コーワンとそれぞれ面談したわけです」と。どちら側にも加担しない中立的な立場だから果たせた役割だとサリヴァンは言った。そして知事がこうした面談の場をもうけたことは「再建の機会」をもたらすことになった、とも付け加えた。

このときの事情が分かる資料として、パトリック知事が州倫理委員会と共に提出した開示書類がある。これは、行き詰まった事態の打開のため、知事の提案を取締役会が受け入れた場合の

「注意事項」をずらりと列挙した分厚い書類だ。ちなみに、パトリック知事はこの開示書類の中で、妻ダイアンが役員をしているロープス&グレイ法律事務所は、マーケット・バスケットの〝取締役〟の代理人として契約しているのであり、〝会社〟の代理人ではないことを強調している。

一方で、ニューハンプシャー州のハッサン知事は「両者と会うことを提案したが、強要はしなかった」という。アーサー・Tとアーサー・S。双方の間には根深い不信感があり、パトリック知事との面談後も、容易に事態の解決へとはいかなかった。

しかし、ついに八月十七日、アーサー・T、アーサー・S、ハッサン知事、そしてそれぞれの代理人が、マサチューセッツ州西部のスプリングフィールド市にあるパトリック知事のサテライトオフィスにやってくることになる。最後には、両者は二人の知事をはさんで会うことに合意したのだ。政治的な力を持つ知事が中立的な立場から両者の溝に橋渡しをしてくれることを望んでのことだった。

サリヴァンは、「パトリック知事はいったんその役目を引き受けたら、とことん責任をもってやる人だ」と言ったが、抗議運動のことを注目してきたマサチューセッツ大学ローウェル校のスコット・レイザム教授は、このスプリングフィールドでの会談について「(知事たちは)政治生命を危うくする可能性があった」と語る。

八月二十二日、ハッサン知事とパトリック知事が共同声明を発表した。そこには、「合意に達する見通しだと両者ともに楽観視している。……。来週早々には、従業員は仕事に戻り、店舗を再び営業させられるのではと期待している」とあった。

この声明文は、疲れ切った従業員、客、納入業者たちにかすかな望みを与えた。

だが、まだ取引は完了したわけではなかった。

15「皆さんが成し遂げたことに敬服します」

八月が終わろうとしていた。かつてなかったほど拡大した抗議運動はまだ続いていた。皆が疲れ切っていた。

ピケを張った人々は猛暑の中、十九日間耐え忍んだ。トゥークスベリーでは複数回の抗議集会が行われ、毎回数千人が集まった。小さな即席の集会はマサチューセッツ州、ニューハンプシャー州、メイン州中のあちらこちらで行われた。

二百万人近い人々がまだ食料品を求めて右往左往していた。その多くは競合するスーパーマーケットに駆け込んだが、さまざまな農園や地元商店を買い回る人もいた。

納入業者は成り行きに注目し決着を待っていた。中には資金繰りがつかず深刻な経営状態に陥っている企業もあった。

終結はすぐそこまで近づいているように思えた。ハッサン知事とパトリック知事が、事態を楽観視していて「両者の契約締結を待たず、マーケット・バスケットの経営にアーサー・Tを暫定的に復職させる」と記した声明を発表した。

しかし、まだ障害はあった。ファミリービジネスの専門家たちはすぐに事態が進展しない理由がわかっていた。いとこ同士の信頼の欠如とはまた別の、会社の長い歴史が、ビジネス上の損得よりも大きな障害になるのだ。「判断は、決してビジネス的観点のみで行われるわけではない。そこにはあまりに長い歴史があり、複雑な感情と嫉妬がある」と、ファミリービジネス協会の共同創設者でコンサルティング・グループであるメイジ社社長のジェフリー・デイヴィスは説明する。

従業員たちは望みを持っていたが、用心深くもあった。地域統括スーパーバイザーでこの抗議運動のリーダーの一人、トム・トレイナーは、アーサー・S側が〝ルーシーをやらかす〟のではないかと懸念した。ルーシーとは、漫画「ピーナッツ」に出てくるおしゃまな女の子。漫画の中でルーシーは、フットボールのボールを押さえているから大丈夫よと、主人公の男の子チャーリー・ブラウンに約束する。しかし、チャーリー・ブラウンがボールを蹴ろうとした瞬間にボールを引っ込めて空振りさせ転倒させてしまう。このストーリーから用いられるようになった表現だ。トレイナーたちは、アーサー・S側がアーサー・TをCEOに暫定的に復帰させて会社の業績を安定させた後に、満を持してデレーズ・グループもしくは他の企業に会社を売却してしまうのではないかと勘繰った。

疑念が浮上し始めた。交渉に関して漏れてくる合図を読み解こうと専門家たちは躍起になった。たとえば、「誰かが『喜んで売りたいが、他の条件に合意しなければならない』と言ったら、本心では売りたくないという意味だ」とファミリービジネス協会の共同創設者のエド・タローは言う。

地域の人々はかたずをのんで事態を見守った。抗議運動を続けている者たちは、SNSで噂が行き交うのを黙って見守るしか術はなかった。取締役会が予定されていたが、キャンセルされ、その後、日程が変更された。

ストライキを始めて五週間目、〝八人組〟の何人かが「ゴールラインに立ったぞ」と大声を出した。アーサー・Tとアーサー・Sの取引完了が間近だという意味だった。あと数ヤードのところまで来たぞ、と。この表現は皆にうけたが、見通しが誤りだったのか、幾日かが何の進展もなく過ぎていった。約一週間経った頃、不安になった物流センターの従業員の一人が、早番の責任者だったディーン・ジョイスに尋ねた。

「ゴールラインに立ったと誰か言っていましたよね」

「まあ、聞け。そいつらは俺たちみたいに熱烈なスポーツファンじゃないんだ。ゴールラインに立ったと言った奴らは、俺らがどちらサイドを攻めているか、わかっちゃいない。奴らがゴールラインまであと五ヤードだと思ったのは、本当は九十五ヤードだったんだ。皆、気持ちを強く持て!」いつもの調子で、ジョイスはユーモアでその場の雰囲気を明るくした。

このころになると、マーケット・バスケット騒動はすっかり全米に知れわたり、「野次馬根性で世界が注目していることに気づいていた」と、取引先のジム・ファンティニは言う。「マーケット・バスケットの人々がやっていることはクレージーだ。綱渡りは果たして成功するかな?」と。

ほとんどの人々にとって、もう耐えられないところまできていた。

冷蔵品スーパーバイザーとして本部で働くダイアン・パターソンは普段は気分が安定した人物だが、出てくる交渉の進捗情報が二転三転した抗議運動の五週目から六週目にかけては特に、毎日気持ちを維持するのに苦労した。「毎日、明日はどういう情報がもたらされるか、わからない。もうすぐ終結と聞いても、その後は何のニュースも入ってこなかった」と彼女は振り返る。パターソンは地域社会からの応援に感謝していた。しかし、その応援を受けることによって、紛争が続いていることを常に意識させられた。「人々は（興奮気味に）『ああ、あなたはマーケット・バスケットの社員なのね』と言う。でも、そのうち、その言葉に怯えるようになったわ」。パターソンと彼女の仲間たちは「何でもいいから新しい情報を求めて、SNSばかりみていた」のだという。彼女たちには何でも局面打開の兆しに思えた。「新しい情報が誤報だとわかったら、今日このあとまた何か知らせが来るかもしれないわねと言い合っていたのよ」。

八月二十六日の夕方、不穏なニュースが流れた。

取締役会が赤字を食い止めるためのやむを得ない措置として六十一店舗を閉鎖するというニュースだった。これら店舗が一度閉鎖されれば、再オープンされる保証はない。これは単なる脅しなのだろうか？　それとも、これは交渉が行き詰まり、打ち切られた合図なのだろうか？

それからの二十四時間は、抗議者全員にとって期間中で最も辛く、不安でいっぱいの時間だった、と〝八人組〟たちは口を揃える。六十一店舗の閉店のニュースに加えて、株式売買の詳細を話し合うためにこの日の午後予定されていた取締役会が直前になってキャンセルされたことも彼らは気がかりだった。ジョー・シュミットは「いったい、取締役会の意図は何なのかと疑問に思った」。トム・トレイナーは「非常にイライラしていた」ことをよく覚えている。自分たちが全力で取り組んだことがもろくも崩れようとしているのかもしれない……。取締役会と新CEOは長い間続いた戦いを葬り去ろうとしていた。あれほど愛した会社の終焉が来るというのか。

それが、八月二十七日の夕方になって突然、「取引」が成立した。株式売買の合意が結ばれたようだとの情報が漏れ始めた。以前誤報があったが、今回のニュースの出所はすべて一致することが確認された。今度こそ本当だ。

夜十一時十九分、アーサー・Tは広報担当者を通じて、多くの人々が待ち望んだ発表を行った。マーケット・バスケットは、アーサー・S側への支払いを条件に、再び彼の手に戻ることになった。

公式文書では、このように記されている。「マーケット・バスケットとその株主は本日、以下の発表ができることをうれしく思う。現在Aグループ株主が所有する五〇・五％の株式所有権を、Bグループ株主が取得することでマーケット・バスケットの株主は合意し契約を結ぶことになった」。Aグループとはアーサー・S派の株主、Bグループとはアーサー・T派の株主を指す。

とうとうアーサー・Tと彼の経営チームに日常の経営権限が戻される。一方、新CEOのソーントンとグーチは取引が完了するまでの数か月間、手続きを監視する役目で会社に残ることになった。ただし、彼らの意思決定権はなくなった。

当然のことだが、テレビのニュース番組がニューイングランド中にこのニュースを報道したので、多くの人はその日のうちに勝利したことを知った。従業員、取引先、客やその他の支援者は互いに喜びのメールや電話を送り合った。

従業員の多くは仕事をしたくてうずうずしていたから、その夜ほとんど寝つけなくても苦にならなかった。抗議運動が始まった直後に解雇された加工食品担当バイヤーのジョー・ガロンは、夜中の二時に、急いで職場に戻れとの電話を受け、その四時間後には職場にいた。ガロンは「うれしいのと興奮で寝たり起きたり。一時間ほどは寝ただろうか」と振り返る。

物流センターの責任者のディーン・ジョイスは、あまりに早く職場に到着したら、不法侵入で逮捕されるかもしれないと心配だった。彼も六週間前に新CEOに解雇された身だった。他の〝八人組〟の仲間たちと打ち合わせし、建物に入るのは十二時を過ぎてからにすることにした。

物流センターで働くルイス・メンデスは夜十時頃に知らせを聞いた。友人から電話があり、うれしい結果を聞かされた。でも、メンデスは疑心暗鬼だった。テレビをつけて、ニュース番組でそれを確認するまでは信じられなかった。そして、間違いないのだと確認してから三十分も経たないうちに、彼はローウェルにある自宅を出発し、トゥークスベリーの倉庫に向かって車を走らせた。

社歴三十年のトラック運転手、ケネス・スウィーニーには夜明け前の三時十五分に仕事に復帰するように電話があった。飛び起きて、三十分以内に物流センターに駆け付けた。ジョヴァニー・フェレールとアレックス・クルーズと、あと二人の倉庫従業員は、彼らのシフトは午後三時からにもかかわらず、朝八時前には本部にいた。「すぐにでも倉庫に入ってタイムカードを押したかった」とフェレールはそのときの気持ちを語っている。クルーズがこう付け加えた。「僕らはまるでクリスマスの日の子供みたいにはしゃいでいた」。

倉庫内は雑然としていたから、彼らはさっそく現場を復旧させるための仕事にとりかかった。

翌日には早くも外部の専門家たちが、マーケット・バスケットの運営が以前の状態に戻るまでには数か月かかるだろうと解説したが、その言葉はジョイスと部下たちの気持ちに水を差すどころか、かえって闘志を燃やすものとなった。

倉庫内の書類から、最後の受注は数週間前だったことが判明した。しかもその書類はファイルさえされていなかった。駆けつけた倉庫のスタッフたちはすぐに商品の確認作業を始めた。その間に、ジョイスは、マーケット・バスケットが所有するトラックの所在を突き止め、それらを物流センターの駐車場に戻す作業に入った。何台ものトラックがいまだに店舗の納品口をブロックしていたのだ。

店舗からの発注にできるだけ早急に応えられるようにするため、ジョイスはでき得るあらゆる手段を使った。部下たちも全員が役割を見つけ、夜通し働いた。夜が明ける頃になっても、彼らの顔は幸せに満ちていた。作業は着々と進んだ。彼らは数日の間、二十四時間ぶっ通しで働いた。「最初の四日間の仕事ぶりには本当に目を見張った」とジョイス。彼によれば、一週間以内に加工食品は各店舗に元通りに並ぶようになった。翌週には物流センターはすべての商品を店舗に配送できる体制に戻った。

物流センターから五十ヤード（四五ｍ）先にある本部も、幸せな雰囲気で満ちていた。夜中の一時に、支払勘定担当スーパーバイザーのバーバラ・パケットは、社員はいつでも本部にやってきてもいいというメールを受け取った。彼女は午前三時半に本社ビルに入った。見渡すと、建物の中はにぎやかに飾り立てられていた。スティーヴ・ポーレンカの本来の仕事は新店舗を出店することだったが、彼はこの日、このときをマーケット・バスケットの本部の再開業ととらえた。

そこで、彼は仲間と共に抗議のプラカードをたくさん集めて来て、事務所内に飾ったのだった。

事務所の中はお祭りのようだった。「皆が泣きながらハグし合い、ハイタッチをし合った。本当に最高だった」とパケットは語った。

皆と同じように、メールを受け取ってすぐにパケットが職場にやってきたとき、書類のファイルが散らかっていた。「支払勘定のファイルは事務所のあちこちに置いてあった。会議室、CEOの部屋、事務所の片隅の箱の中などで何とか見つけたけれど、それはひどかったわ」。受取勘定の書類も同じようにひどい状態だった。新CEOと彼らのわずかなスタッフは、業務を回すためのペーパーワークに悪戦苦闘していたことがよくわかる。

帳簿をきちんと整理するのに数週間かかった。しかし、事務所内のムードは明るかった。この結末を喜ぶニューイングランド中の人々から、カード、花束、果物の詰め合わせが続々と届いた。


一方、店舗では、お祝いを始めるのは翌朝まで待たねばならなかった。店には朝になるのを待ちかねるように何百人もの客が詰めかけてお祝いムードに包まれた。入り口に立つ従業員たちは来店客に感謝し彼らを出迎えた。客たちは従業員をハグした。そして、彼らはマーケット・バスケットを元の状態に戻す支援をしようと、買えるものは何でも構わず購入した。フェイスブック『セイブ・マーケット・バスケット』には「明日の朝七時に店に行って、棚にある商品は何でも買いましょう!!!!　私は犬を飼っていないけど、必要とあればドッグフードでも買うつもり!!」と綴った投稿もあった。

ニューハンプシャー州ポーツマス在住の九十三歳の顧客、アル・ゲラートはこの紛争を「戦争」と表現し、「戦争が終わった」ように感じたそうだ。「マーケット・バスケットは家族の一員のような存在だから、他の店で買物すると、その〝家族〟をがっかりさせることになる。だから、他の店には立ち寄らず、マーケット・バスケットに行かなければならないんだよ」とゲラートは言った。

ある店では、通路で文字通り人々の小躍りが始まった。ニューハンプシャー州ロンドンデリー店。その店舗では店長の助けを借りて、数百人の買物客がフラッシュモブとコンガラインを併せたようなダンスを企画した。店内放送でファレル・ウィリアムスのヒット曲「ハッピー」をガンガン鳴らし、客たちは拍手喝采し、勝ち誇った様子でダンスに興じた。

数日後、物流センターで働くデイヴィッド・コートーは、そのロンドンデリー店に惣菜を買いに行ったときのことを熱く思い出す。惣菜売場の店員は、コートーを買物客と思い、不買運動に協力してくれたことに対する謝意を伝えた。コートーは、自分は物流センターで働いているから店舗が正常に稼働していることをなおさらうれしく思う、と返した。すると、その惣菜売場の店員が「こっちに来て、来て。ハグしなきゃ」と言い、店長のマーク・レミューを呼んできた。レミューは他の従業員も近くに集めて、コートーと彼の妻が払った犠牲に対してお礼を述べた。

八月二十九日金曜日、アーサー・TのCEO復帰の報は、少なくともマサチューセッツ州の十数紙、ニューハンプシャー州の六紙、メイン州の二紙の新聞の一面を飾った。マーケット・バスケットはこの夏中、ボストン大都市圏中で話題になり、ニューイングランド中で大きな注目を浴びた。

いや、それどころか、反響の大きさは全米を席巻した。

ニューヨークタイムズ紙は、この抗議運動を「米国のビジネス史で最も不思議な労働争議」と称し、不買運動については少なくとも四回取り上げた。

政治・経済誌『スレート』『CNNマネー』、男性誌『エスクァイア』でも、この稀有な〝武勇伝〟について記事を掲載した。

ウォールストリート・ジャーナル紙は複数の署名入り記事を載せた。

ワシントンポスト紙はブログ『オン・リーダーシップ』で不買運動について書いた。

ネット報道番組『NBCナイトリー・ニュース』では七月下旬にマーケット・バスケットについてのコーナーを設けて報道した。その数日後、NBCとマイクロソフトが開局したニュース専門放送局MSNBCの番組『オール・イン・ウィズ・クリス・ヘイズ』にトム・トレイナーが登場した。

そして、その秋、少なくとも二本のドキュメンタリー映画（『マーケット・バスケット・エフェクト』『フードファイト』）が制作を開始した（註：『マーケット・バスケット・エフェクト』『フードファイト』ともに二〇一五年九月に公開された）。


アーサー・Tが復帰した朝、マーケット・バスケットの本部があるイースト通りには人々が多数集まっていた。これまで抗議集会を行っていた場所に集まっていた人たちは、道路を挟んで反対側にある会社の敷地にまで移動した。そう、もう会社の敷地に集まることができるのだ。誰かが本部の階段に演壇を準備しようとしていた。

マサチューセッツ州のチェルシー店で。32年間勤務のレジ係メアリー・オルソン（左）と、アシスタント・マネージャーのラクウェル・フローレス（右）は、抱き合って職場復帰を喜んだ。
Photo by Bill Greene/The Boston Globe via Getty Images

「違う、違う」とスティーヴ・ポーレンカは言った。彼は一年以上もこの瞬間を待ちわびていた。「僕のトラックを裏向きに停めるから」。

それは、トゥークスベリーでの抗議集会で使われていたあのトラックだ。何人もの従業員、政治家、顧客、取引先が演説をしたあのトラックだ。何週間も店舗から店舗へと何千マイルも移動したあのトラックだ。ポーレンカは、いつかあなたはこのトラックの荷台で勝利のスピーチをするでしょうと、もう抗議運動の初期からアーサー・Tに断言していたのだ。いまがその待ち焦がれたチャンスだった。

いよいよオープンカーに乗って、アーサー・Tが凱旋してきた。

アーサー・Tは予定よりも早く到

着したが、そのときにはすでに大勢が集まり、彼を待っていた。これまで「我々は誰が必要？」―「ATD！」、「いつ彼が必要？」―「いますぐに！」と喉をからして叫んだが、この日ばかりは「我々の側には誰がいる？」―「ATD！」と大合唱した。

アーサー・Tを見たのは何週間ぶりだったろうか。疲れているがほっとした様子だった。そして、皆の注目の的になっていることに身の置き所がなさげな様子で、何だか居心地が悪そうだった。控えめな性格そのままに、喝采を恥ずかしそうに受けた。

ポーレンカのピックアップ・トラックの荷台で、アーサー・Tのスピーチが始まった。「皆さんの前に立ち、皆さんが成し遂げたことに敬服しています。皆さんは、この地方中の、そしてこの国中のとても多くの人々に立派なお手本を示しました」。スピーチを続けるアーサー・Tの横には、大きなキリンのぬいぐるみがあった。

管理職者の中には以前のようにスーツとネクタイに着替えた者もいた。一方で、「がんばれ、マーケット・バスケット」などのスローガンが胸元に記されたTシャツのままの者もいた。

「国中の人々は、皆さんを畏敬と感嘆の目で見守っていました。なぜならば、皆さんが変化を追求する力を人々に与えたからです」。アーサー・Tは人々を見渡しながら、「親愛なる皆さん」と言った途端に、「愛している！」と誰かが割って入った。

「私も皆さんを愛しています」

彼は続けた。

「信頼し合う心、勇気、互いへの思いやり。それらをもった皆さんが団結し、勝利を手にしたときとして、今年の夏を覚えておきましょう。そしてその過程で、私たちの会社を救うことができました。……公明正大で気高い職場を提供する文化を守ることは、人の倫理的義務であり、社会的責任であることを、皆さんは世界に示したのです」

対立する株主たちから株式を買うという合意が結ばれた翌朝、アーサー・Tがトゥークスベリーの本社に復帰した。スティーヴ・ポーレンカのトラックの荷台に乗り、支援者に挨拶する。後ろには、従業員と顧客達の抗議運動のシンボルとなったキリンのぬいぐるみが見える。 ©Lowell Sun/David H. Brow

第4章

戦いすんで

ジェイ・チャイルズは、「まったく大胆な行動」だったこの抗議運動が、いまだに頭から離れない。チャイルズはニューイングランド・エミー賞を受賞した映像作家で、映像製作会社JBCコミュニケーション社のオーナーでもある。

彼は、マーケット・バスケットの出来事に魅了され、ドキュメンタリー映画の制作に二年を費やした。二〇一三年七月、自身の解任が議論される取締役会の会場（ウィンダム・ホテル）に到着したアーサー・Tを見た瞬間から、特別な何かを感じたのだ。解任を阻止したいと願う従業員たちは「まるで彼がロックスターか、ローマ法王のように」アーサー・Tの周りに集まってきた。「彼らはアーサー・Tを崇敬していた」。チャイルズは従業員とこの人物の絆に心を打たれ、「何か歴史的なものを目撃している」という思いも持った。そして、多くの従業員が彼や会社にそれだけの忠誠心を持てる理由が知りたくなった。

抗議運動に関心を寄せたチャイルズを、幹部社員、とりわけあの〝八人組〟たちは、すぐには受け入れなかった。彼らは当初かなり疑いの目でチャイルズを見ていた。しかし、何か月か経つうちに、夕方のニュースのためのスクープ狙いではなく、ありのままの事実を伝えたいだけだというチャイルズの思いが、彼らに受け入れてもらえるようになった。やがて、しまいには抗議運動を制限なく取材できるようになった。彼はマーケット・バスケットの〝部隊〟に組み込まれ、ほとんどすべての抗議集会、ピケ、そして社内求人説明会にも参加。のちに、同僚のプロデューサーであるメリッサ・ペイリーとチームを組み、成り行きを追い続けた。たとえば、最初の株式売買の契約が結ばれた後に幹部社員たちが米国労働省長官に会ったときも、ワシントンDCに飛んで行き取材した。

チャイルズは、この抗議運動はきっと非常に多くの人々の胸に刺さるはずだと確信していたので、粘り強く取材を続けた。

おおよそ、企業買収というものは、株主の利益のためにのみ行われる。が、それは一般の人々の生活に重大な影響を与える。給与が削減されることや、職を失ってしまうことがある。条件がほんのわずかばかり悪くなっても、それに対して行動を起こすには自分はあまりに無力だと人々は感じる。彼らの脳裏には「ほんの少しの間、抵抗しようかどうしようかという思いが浮かぶ」が、ほとんど選択肢がないことは明らかだ。彼らは「うつむき、ただ黙して」仕事に戻る……。そんな「数えきれないほどの例が繰り返されてきた」。けれども、従業員・客などが一丸となり一斉に強い姿勢をとったマーケット・バスケットのケースは「お定まりの話を完全に圧倒している」とチャイルズは言う。

我々誰もが、この出来事から学ぶことができるというチャイルズの考えには、多くのマーケット・バスケット支持者が賛同した。そして、彼らはクラウドファンディング・サイトのキックスターターを通じて、チャイルズのドキュメンタリー映画製作に六万五千ドル以上を出資。この資金により、彼のドキュメンタリー映画『フードファイト』は無事完成し、二〇一五年秋に公開された。

ボストン地域で働くビジネスマン、エリオット・テートルマンは、マーケット・バスケットの争議の行方に注目していた。これに関心を寄せた理由は、彼自身も祖父が一九一七年に創業したニューイングランドを代表する企業を何年間も経営してきたからだ。その企業はジョーダンズ・ファニチャーという。ニューイングランドに住む人々は何十年もこの企業のラジオCMを耳にしており、そのCMに出演しているテートルマンとその弟の声には誰もが耳馴染みがある。

テートルマンにファミリービジネスを経営する難しさについて話を聞いたところ、「家族と共に会社を経営することは、ある意味、他人と一緒に経営するよりも難しい」と言う。たとえば、彼と弟は異なる性格で、「弟は僕よりも外交的。上座にいてスピーチをしたいタイプだ。けれど、僕は後ろの方で話を聞く方がいい」。実際、弟のバリー・テートルマンはブロードウェイでプロデューサーになる夢をかなえるために二〇〇六年に会社を辞めた。以後、エリオットが一人で会社を経営している（といっても、一九九九年に同社は大手持株会社、バークシャー・ハサウェイ社の子会社になった）わけだが、兄弟で経営していた頃、互いを理解していたからうまくやれた。「全体的に見れば、互いの理解によって家族経営はよりやりがいのあるものになるのは確かだ」。

とはいえ、結局は「ビジネスよりも、つまり多額のお金を巡って戦うことよりも、各自の人生の方が重要ということなのだ」とテートルマンは言う。「僕と同じ地位にいる誰もがこのマーケット・バスケット騒動を見たとき『もし自分に同じことが起こったらどうするだろう。従業員たちはどうするだろう』と言った。起こらないことを祈るけどね」。

テートルマンはマーケット・バスケットの一件から、ビジネスを俯瞰で捉える考えを発展させた。「事業のあるべき姿についてマーケット・バスケットから得た教訓は、単に事業に関することだけにとどまらない。もっと深いものだ。第一に、人生全般について、自分はそこから何を得たいのか。第二に、もし会社を経営していたら、そこから何が得たいのか。それは自分にとってどんな意味があるか。肝心なことは、ちまちました生き方や経営の仕方ではなく、自分の中にどのような大きな理想や目標があるかだ」。

ビジネスは人による人のためのものだと、アーサー・Tはかなり前に気づいていただろうとテートルマンは言う。利益率だけを優先するなら、短期的にはマーケット・バスケットは今以上にお金を稼ぐことができたと思われる。しかし、それでは、会社は長続きしなかったはずだ。「これまでの長い間に、彼は途方もないものを作り上げてきたのだ。それは、これからもさらに成長させ続けられる。いや、本当に彼には脱帽だ」。

マーケット・バスケットは約百年間、ニューイングランド地域に食料品を供給し続けてきたが、一年間にわたる抗議運動と六週間の倉庫閉鎖によってそれが中断した。しかし、抗議運動は終わり、会社は存在し続ける。今ではすっかり通常営業に戻り、それどころか抗議運動終了後の数か月のうちに四店舗を新たに出店した。

復帰後一か月経った頃、アーサー・Tはあるイベントでスピーチをした。彼は、マーケット・バスケットのビジネスモデルづくりに取り組む決意を新たに示した。「私たちは、わが社が奉仕する従業員、お客様、取引先、そして地域社会の幸福と最大利益に常に力を注ぎ、社会的責任ある企業になるよう取り組み続けます」。

アーサー・Tはこのスピーチで、企業が目指す目標というよりも、人々の生活をよりよくする事業を維持していくことに努力を惜しまないとする意思を表明した。

マーケット・バスケットが引き続き注目を浴びている理由は、今後も成功し続けていけるかどうかということへの興味からだけでなく、この会社が人々に、かけがえのない教訓を与え続けているからである。

むろん、マーケット・バスケットの今後の発展は、そうそうトントン拍子にいくとは限らない。困難は多いだろう。最高の環境であってもスーパーマーケットの経営というものは容易ではない。途方もないパワーを潜在的に持っていてもなお、マーケット・バスケットは、あらゆる向かい風に立ち向かっていかねばならない。

*

16 これからの課題

マーケット・バスケットは今も非上場なので、買収した株式五〇・五％の正確な金額は発表されていないが、だいたい十五億ドル前後だと推測されている。そして、その約三分の二は複数の投資銀行からの借り入れとみられる。つまり、この会社は現在合わせて十億ドル以上の負債を抱えていることになる。借入金十億ドル、利息四％の住宅ローンと考えると、毎月約四百七十万ドル（一日十五万ドル）の返済が必要だ。

アーサー・Tの側近、ウィリアム・マースデンは言う。「借金にまみれたことが今までなかった。どう処理するかは、今後我々が学ばなければならないことだ」と。マーケット・バスケットの店舗は七十五店あり、各店は一週間当たり百万ドル以上を稼ぎ出すから、返済は恐らく可能だろうと彼は試算する。

この負債がそれ以上に問題なのは、債務の一部を返済しようとする努力と引き換えに、アーサー・Tや経営幹部たちが大切にしている周囲との関係に影響を及ぼすことだ。抗議運動中、多くの従業員、取引先、客から支援を受けたことから、アーサー・Tは間違いなく彼らに恩義を感じている。中には、アーサー・Tがますます気前よくなることに期待を持つ人もいるかもしれない。負債を抱えたことで、富の分配、つまり儲けを、借入金の返済やプロフィット・シェアリング（利益分配制度）などにどのように割り当てるかに、これまで以上に神経を使わねばならないだろう。

たとえば、四％割引キャンペーンを例にとってみよう。これはクーポンなど他の値引きをした後の合計金額から四％を割り引くもので、二〇一四年一月から開始されていた。当然ながら、この企画は買物客に人気だったが、当初から二〇一四年末に終了としていたため、マーケット・バスケットは予定通りに静かに終了させた。買物客はがっかりしたが、最終的にはそれを受け入れるしかなかった。彼らはマーケット・バスケットが直面している財政上のプレッシャーを理解していた。もちろん、彼らは今後も特売商品を買い続けるけれど、残念な思いはあったはずだ。

従業員たちからの大きな期待もある。彼らの多くがアーサー・Tと彼の経営哲学を支援し、職場での尊厳と富の分配のために戦った。職場では以前と変わらず尊重されながら働くことができ、プロフィット・シェアリング（利益分配制度）によるお金や賞与は以前と変わらず支給されている。あの夏、六週間以上ほとんど売上がなかったにも関わらず、マーケット・バスケットは従業員たちの年末賞与に合計四千九百万ドルを割り当てた。これは騒動前の二〇一三年の年末賞与総額よりも多い。恐らくその年のマーケット・バスケットの好業績を示すのと同時に、感謝の意味もあっただろう。アーサー・Tは賞与を渡す際に、従業員に手紙を書いた。その中でアーサー・Tは、従業員たちが頑張ってくれて、自分の復帰がかなった二〇一四年を「当社の存在意義を明確にした年」と表現した。

従業員たちはありがたく思うと同時に、今後もこれまでと同じペースで賞与が支給されるだろうと期待しているむきもあるだろう。だが、負債の存在は、何か月もしくは何年か先にアーサー・Tと経営幹部たちをいくらか苦しめることになるかもしれない。

お金にかかわる問題は、やたら大げさに取り上げないことも重要だ。従業員、取引先、そして客が持つマーケット・バスケットに対する思い入れは金銭を超越している。この感情は、マーケット・バスケットと接したときに多くの人々が感じる〝自分は尊重されているのだ〟という感覚から生まれる。従業員に対する公平な給与や、購買客に対する低価格……それらはマーケット・バスケットが個々の人を大切にしていることを示す指標のひとつに過ぎない。仮にマーケット・バスケットが賞与や低価格を提供し続けることができなくなるという最悪のケースに陥ったとしても、これまで何年もそうしてきたように人々への尊敬の気持ちを示す手段は他にもある。

とはいうものの、ボストン大学のジェームス・ポスト名誉教授は「財務的にはこれまでよりも厳しくなる」のではないかと指摘する。誇張するつもりはないが、これがマーケット・バスケットにとっての新たな課題となる。

マーケット・バスケットの成功要因のひとつは、従業員を長く社内できちんと育て、しかるべきポストに起用する社内登用の方針にあった。従業員は上司に尊敬の意を持つ。かつて上司たちも彼らと同じ仕事をした経験を持つからだ。そして管理職者は、マーケット・バスケットの仕組みや行動の仕方についての深い知識を身に着ける。

ただ、部下たちの昇進を求める圧力は、かつてより増大している。大半の店で従業員の多くがすでに自分の仕事に習熟しており、上のポストが空くのを待っている。離職率が低いため、ポストに空きが出ることはほとんどない。新しいポストは大抵、新店の出店によって生み出される。しかし、新店の出店では、店長、副店長、売場主任など、わずか十五から二十のポジションしか創出できない。さらに会社の店舗網は拡大しているので、新店舗に配属になると遠方へ、さらに遠方へと引っ越さざるを得ない。昇進に飢える多くの従業員は引っ越しを喜んで受け入れるが、それでも従業員に負担はかかる。特に、家族がいる場合はなおさらだ。

同時に、スーパーマーケット業界内の競争はますます厳しくなっている。ウェグマンズというスーパーマーケットが他地域で大成功したスタイルの店舗をニューイングランドにも出店した。マーケット・バスケットもうかうかしてはいられない。ウォルマートやターゲットなどスーパーマーケット以外の業態が食品の販売に乗り出していることも、競争を激化させる一因になっている。

マーケット・バスケットの経営幹部はこうした状況を承知しているし、従業員たち全員に昇格の機会を提供できるよう拡大し続けなければならないというプレッシャーも十分感じている。重役のウィリアム・マースデンはそれを誰よりも痛感している。「十年間も副店長を続けていれば、それは気持ちが落ち着かないのもよくわかる。店舗を切り盛りできる技量があるのに、誰も退職しないので、いつまでたっても店長のポストが空かないのだから。だからこそ我が社は成長し続けねばならないのだ。我々はのんびり構えている暇はない。（従業員に対する）責任がある」。

従業員の愛社精神に会社側が誠意で応えようとすることが、企業の成長スピードをぐんと上げる。買物客は増え、商売は順調。従業員たちは報酬を与えられて昇進もする。そして、新たな店がオープンし、買物客はさらに増える。客が来店してくれている限りは、これが勝利の方程式だ。だが、成功をいいことに、このような好循環にあぐらをかいていると、同時に弱みも生み出す。何かの原因でこの循環のどこかが少しでも壊れると、全員に影響が及ぶようになるから、そこは要注意である。

今後、競争は厳しくなることはあっても、緩和される可能性は低い。激しくなる競争に上手に対処する鍵は、従業員と客の間の強固な関係をさらに強固にすることによって好循環を堅持することだ、とマーケット・バスケットの経営幹部たちは直観的に考えているようだ。マーケット・バスケットには経験豊かな経営陣と力強い企業文化がある。それを守る限りは、近い将来においても安定した成長をもたらしてくれるはずだ。

あの抗議運動は、マーケット・バスケットの従業員間の関係に変化を与えた。その多くはよい方向に、である。

抗議運動は、普段ならば接触のない従業員同士を結束させた。あるいは、それほど親密でなかった同僚の別の一面を見たと言う従業員たちもいる。「六週間も共に行動して、彼らの本質が見えたんだ」と、物流センターで働くデイヴィッド・コートーは語った。物流センターの早番を率いる〝八人組〟の一人、ディーン・ジョイスは仲間のことを冗談で「倉庫の野蛮人たち」と言う。いまでこそ、そうやってからかえるが、抗議運動前は本部で働く事務職社員の中には彼らにそのようなマイナスイメージを持っていた人たちもいたとジョイスは振り返る。もちろん彼自身はそのことを快く思っていなかったのだが、「今は、本部オフィスの女性職員たちは毎日、倉庫のスタッフと話をしに外に出てくるようになった。手を振り合ったりもする。顔を見ただけで誰かわかる。全員の名前も知った。もう仲間だ。うれしい驚きだ」。

一方で、ある緊張関係も生まれている。

ごく少数の従業員は、抗議運動に参加せず、仕事を続けた。マーケット・バスケットの営業が再開した後も、彼らは一人も解雇されることはなく、現在も大半が働いているが、彼らの存在が気まずい雰囲気を生んでいる。

この雰囲気は、事態が終結した最初の数週間、特に顕著だった。物流センターでは、両者の間で言い争いや小競り合いが起こった。ジョイスや他の管理職が仲裁に入らねばならなかった。ジョイスは部下を集め、秩序を保って客に奉仕するという目標に集中することの重要性を強く説いた。それは表面上の争いを止めるのには役立ったが、両者の間の敵意は消えずにくすぶっている。抗議運動に参加した物流センターで働くある従業員は言う。「彼らも抗議運動を一緒にやってくれていたら、抗議の勢いももっとついて、もう少し早く仕事に復帰できたのにと思ってしまう。本当にそうなったかはわからない。でも、そう考えてしまう。この思いはずっと続くだろう」。

物流センターの別の従業員はかつて親しかった同僚とまったく話さなくなったという。そのかつての友人とは「たぶん、思っていたほどの共通点がなかったのかもしれない」と話す。それでも、友情が失われたことが心の傷であることは明らかだ。

オフィスや店舗では、その緊張感は物流センターほどではないが、存在することは確かだ。抗議運動中にほとんど行動に参加しなかった従業員たちが、運動が終息すると一転、「アーサー・Tは僕らのCEO！」などと記したステッカーを車のバンパーに貼ったりしだした。そうした光景を偽善だと、ある従業員は苦々しく感じている。彼らを認めない同僚たちもいると、その従業員は言う。「抗議運動に参加しなかった人々がいた。それが事態を難しくしている。彼らと面と向かって言い争うわけにはいかないが、ただ残念。参加・不参加の意思は自由ではあるけれど、それでも、一度もプラカードを持って店頭に立ったことがなく、何もしなかったのに、このすばらしい会社のあらゆるメリットを享受しているのを見ると、どうしてもいい気分はしない。彼らは今後、のけ者、というか、後ろ指をさされ続けてしまうのは、仕方がないと思う」。

この緊張した関係を克服しようとする大半の従業員は、それぞれの決断にはそれぞれの理由があることを理解しようと努めつつも、プロ意識を持って日々の職務に集中することで、必要以上に彼らと関わりを持たないようにしている。抗議運動に参加しなかった人の多くが、今は後悔していると、あるスーパーバイザーは話す。「そういう人たちを何人か知っている。彼らは『勇気がなかった。もしやり直せるなら参加しただろう』と言う。でも、今となっては遅すぎる……」。

抗議運動に参加しなかった人が取った行動が、抗議参加者を傷つけたケースもある。たとえば、抗議者に替わる人材募集に応募した場合などはそうだ。替わられる立場の負った傷はかなり深い。

抗議運動に参加しなかった人たちは人たちで、抗議運動の参加者たちによって働きづらくなったと主張する。どちら側にも緊張感はあるのだ。運動に参加したほうの一人はこう結論づけた。「働きづらくなったことに対して、彼らは私たちに謝ってほしいと思っている。でも、私たちは彼らに謝ってほしいと思っている」。

抗議運動はマーケット・バスケットの成長を助ける永続的な団結力をもたらした。

一方で、抗議運動は時に働きづらくなる亀裂を生んだ。

時間と共に傷は癒えるだろう。抗議運動によって生み出された連帯感に比べれば、この緊張関係は小さなことのはずだ。

マーケット・バスケットには他とは異なる特性がある。しかし多くの面で、いわゆる保守的で伝統的な企業であることを示しているのもまた確かだ。

経営スタイルもそのひとつ。アーサー・T側が全株式を取得した後に設けられた新しい取締役会のメンバー五人全員が男性であることでもわかるとおり、現在の取締役会メンバーと経営陣の大半が男性だ。この男性優位の不均衡は世界各地の大半の大企業で見られる。事実、大手コンサルティング会社のマッキンゼー社が最近発表したデータによると、米国では女性が経営幹部に占める割合は一六%、英国では一二%、ブラジルでは六%である。その割合をマーケット・バスケットは増やすべきだと思われる。

経営幹部たちの名誉のために言えば、彼らはこの不均衡さを認識しており、是正がされるなら、それを喜んで受け入れるつもりだ。彼らは、将来的には従業員全体が客層と同じような構成比になることを望んでいる。

　マーケット・バスケットの社内に、性差別や民族的差別の事実は確認されなかった。むしろ、マーケット・バスケットが努力すべきは、多くの有能な女性や少数派の民族出身者が、より昇進する余地を拡げることだろう。マーケット・バスケットはそれができる実力主義の企業であると経営幹部たちは著者に語った。

「女性や少数派の民族に関していえば、相当進歩したんです」と、社内に二人いる女性店長の一人であるシンディ・ウェランはいう。マーケット・バスケットに起こった変化について尋ねると、すぐに彼女は自分自身の経験を話してくれた。彼女の夫もマーケット・バスケットの管理職であった。夫婦はそれぞれ一週間に六十時間以上働き、「他人に子供たちを育ててもらっている」ことに気づいた。三人目の子供が生まれたときに彼女の夫が子供たちの面倒をみるために仕事をやめ、彼女が店長を続けている。夫婦ともにマーケット・バスケットで働く家庭は少なからずおり、彼らも同じような選択を迫られているはずだと彼女は言う。

　人材の積極的な社内登用の方針は、マーケット・バスケットに多くのメリットをもたらしている。と同時に、一方で課題も生み出している。それは、労働力の構成を短期間では変え難いということである。マーケット・バスケットの七十五店舗のうち、女性の店長もしくは副店長は合わせて六人（二〇一五年執筆現在）。しかし、レジ主任など現場最前線には女性管理職は四十一人いる。彼女たちは将来の副店長候補グループであることは間違いない。けれども、多くの女性や少数派民族の売場主任が副店長になるには、そして店長になるには、さらにトム・トレイナーなど幹部職の後任に昇進するには、まだ時間がかかるだろう。

マーケット・バスケットの従業員たちをこの抗議運動に駆り立てたのは、大切にしてきた企業文化を守りたい想いであった。従業員、客、取引先たちは、会社を売却することになれば、文化を間違いなく絶やすことになると思ったから必死に戦った。端的に言えば、彼らは会社に変わってほしくなかった。

彼らの意思は称賛に値するが、もちろんコインには裏表の両面がある。あらゆる企業は生き残るためには変化しなければならない。市場のダイナミックな変化に追いつくために大胆な組織改革をしなければならないことも起こりうる。

たとえば、経営陣が方向転換したら、従業員と客はどのような反応を示すだろうか。こんな例がある。マーケット・バスケットの新しいタイプの店の一角には、買物の前や昼食後の休憩に人々が集えるカフェができている。地域の人々がマーケット・バスケットに来店する目的を増やしたいと考えて設けられた。ダンキンドーナッツのような店を訪れるのと同じ目的で来店する客を増やしたいのだ。ある意味、これは、客の滞在時間を増やそうとするウェグマンズや他のチェーンの戦術と似ている。カフェを導入することについてはスムーズに行われたが、将来、マーケット・バスケットは事業のやり方を意外な方向に転換させることも検討しなければならないかもしれない。これらの変化がより抜本的であればあるほど、従業員や客に同調を求めるのが難しくなる可能性もある。

注目すべきは、もし本当に大幅な転換をする必要に迫られたとき、マーケット・バスケットは、実際どうなるかという点だ。それはこの先、アーサー・TがCEOを辞職した後のことかもしれないが、そのときに現在のビジネスモデルに固執する人々がいれば、変革のスピードは鈍化するだろう。

とはいえ、心配は無用かもしれない。どんな困難にも各自が自主性を持って対処することが、マーケット・バスケットの企業文化の核心である。変化に迫られたときに、これが会社をよい方向に導くことにきっとなるはずだ。

17 教訓

大半の実業家が賛同する事実を一つ挙げるなら、それは企業を所有しているのは株主だということだろう。株主の最大利益のために確実な運営をすることが、その企業の関係者全員の責任であるという考えだ。確かにこのような考えが、基本的事実として、また確固たる原則として一般的に存在しているが、はたして本当にそうなのだろうか。

会社はいったい誰のものか?

一九三〇年代、そのことについて、二人の学問の重鎮が学術誌『ハーバード・ロー・レビュー』の誌面上で激論を交わしている。それは、ハーバード大学とコロンビア大学というアイビーリーグ二校の間の、いわば知的格闘技だった。

コロンビア大学のアドルフ・バール教授は株主側に立った理論を展開し、「法人に授けられたすべてのパワーは、常に株主の利益のためだけに行使すべきである」とした。

一方、ハーバード大学のメリック・ドッド教授はそれに反論し、「事業組織は利益創出機能であると同時に、社会的サービスを担う経済的公共施設である」と説いた。

この議論以降、両理論の優勢は何度もひっくり返った。一時期、ドッド教授のステークホルダー（企業の儲けを受け取る権利者）理論が優勢であるかに見えた。後にバール教授でさえも、「ドッド教授の主張に駆け引きなしに賛同する」と表明して、この論争はいったん収まった。

しかし、一九七〇年代になり、もしも経営幹部が利益以外の目標を追求した場合、企業はどこに誘導されるかわからないと、経営学や財政学の学者たちが危惧するようになった。ひょっとすると経営幹部が会社のお金を、自分のため、あるいは株主が関心をもたないことのために費やすかもしれない。そういった懸念から、CEOを監視することができる取締役会の設立が必要だとの考えが生まれた。取締役会はCEOを監視し続け、株主のために行動するよう促す手段のひとつとしてCEOに報酬を与えるのだと、シカゴ大学のユージン・ファマ教授は主張する。近年、多くの株式公開企業が経営幹部にストックオプションで報酬を与える理由はそこにある。ストックオプションは、経営幹部たちにとって株価を上げる動機づけになり、彼らの成績をはかる物差しにもなる。

そして今日、株主は企業から恩恵を受ける複数のグループの一つに過ぎないという考えに戻りつつある。株主のために株式価値を重視し過ぎることは、長期的な業績よりも短期的利益を追求する危険な道に企業を導く可能性があるというのが最近の考え方だ。

中には、企業は株主のためにあると信じていたが、後にその考えを改めた人たちがいる。

ジャック・ウェルチもその一人だ。彼は、一九八〇年代と九〇年代にゼネラル・エレクトリック社のCEOだった人物のうちで最も成功したCEOとして知られ、かつて、株主価値を生み出すためなら何でも進んで実行するヒーローと言われた。しかし、現在彼は、「株主価値は結果であり、戦略ではない。……。会社の主な基盤は、従業員、購買客、製品だ」と言うようになった。

組織のリーダー育成セミナーを開催するアスペン研究所のミゲル・パドロは、社会における企業の役割について次のように語る。企業の唯一の、そして真の所有者は株主だという考えを「ビジネススクールはこれまで大勢の学生に授けてきた」。この考えがうまく当てはまる企業もあるが、「社会においては今や、この仮説は限界に達している」。

コーネル大学法科大学院のリン・スタウト教授は、株主が企業を所有するという考え自体に疑問を呈している代表的な学者だ。株式会社をはじめとするあらゆる形態の営利法人や非営利法人は、個人同様に、それ自体がひとつの独立した存在だとスタウト教授は説明する。その根拠としては、法人に個人同様の独立性や言論の自由があると米国最高裁判所が判決を下した「シチズンズ・ユナイテッド対連邦選挙委員会裁判」や「バーウェル厚生長官対ホビー・ロビー社裁判」などの判決を挙げた。

保守派非営利団体のシチズンズ・ユナイテッドが制作し大統領選挙期間中に放映しようとしたドキュメンタリー番組の差し止めを巡る「シチズンズ・ユナイテッド対連邦選挙委員会裁判」（二〇一〇年）では、合衆国憲法修正第一条に基づく権利は法人にも適用され、政治的意見を表現できるとの判決が出た。一方の「バーウェル対ホビー・ロビー社裁判」（二〇一四年）では、医療費負担適正化法（オバマケア）には避妊対策が保険対象に含まれており、工芸用品販売のホビー・ロビー社の経営者が宗教上の理由から自社の従業員の保険料を会社が負担することに異議を申し立てた。最高裁は、信教の自由を法人にまで拡大し、避妊対策を保険対象外にする判決を下した。

個人が他の個人を所有できないのと同様、個人が法人を所有することはできないとスタウト教授は述べる。「法人には法的〝人格〟があるので、たとえば株式会社の株式を購入することは、法人、つまり法律上の〝人〟と契約を結ぶことといえる。法人を買うことではない」。つまり、私たちは株式会社を、株主が完全支配する巨大な自営業者とみることはできないのだと。

では、株式会社を株主が所有していないとしたら、いったい誰が所有しているのだろう？

「私は人生を、この会社を作るために捧げてきた」とマーケット・バスケットで長年働き、現在ニューハンプシャー州ストラザムの店長を務めるマーク・オーウェンは言う。「会社は我々のものだ」。

それは、抗議運動の間、「マーケット・バスケットは我々の会社だ！」「我々はアーサー・Tのもとでしか働かない」と従業員たちが叫び続けたスローガンと同じ意味合いだ。もちろん、自分たちが日々の運営責任を引き受けられないことは彼らも承知している。しかし、企業文化が危険にさらされたときの安全装置の役目を果すことはできると考えている。

抗議運動に参加した人々は、ある意味、企業を〝心理的に所有する者〟として行動した。彼らは誰よりも会社を大切にしていたので、進むべき道に軌道修正する手助けをしたいと感じた。結果、彼らが成功した事実は、会社は誰のものかを考えるうえでの転換点になった。企業の従業員、客、取引先には発言権がある。その会社の株式を所有していなくても、会社の運営方法について言うべきことが言えるのだ。

それと同じくらい重要なことだが、取締役会の役目についてもう一度考えてみる必要がある。抗議運動で積極的に役目を果たしたパン・メーカーのジム・ファンティニは、次の点を指摘する。マーケット・バスケットの大半の取締役は、数人の株主（アーサー・S側）のみの意見を代表し、自分たちの決定が会社や地域に及ぼす影響をまったく意に介さないかのように見えたというのだ。「私の考えでは、この地域に迷惑をかけてまで彼らがやろうとしたことは、犯罪の一歩手前だ」とファンティニは言う。特に、キース・コーワン、ロン・ウェイナー、エリック・ゲベイドの三人の取締役は、「自分の生活も顧みずに行動した何千人ものステークホルダーの一年にも及ぶ訴えを、本質的に無視し」、株式の過半数を握る株主の利益のためだけに行動したように見えた、と。

マサチューセッツ工科大学のトーマス・コーチャン経営学教授は「この取締役会はほとんど機能していなかった」とみる。なぜなら、取締役たちは自らの役割を、ただ〝株主に奉仕すること〟だとあまりにも狭く捉え、大所高所からの視点が欠けていたため、健全な経営状態の企業を危うく失墜させそうになったのだ。

取締役は株主に任命されるから、株主を守る任務のみ負うというのが通念だ。しかし、この考えは見当違いであり、害になることすらある間違った考えだ。

ほとんどすべての企業の取締役は、企業に奉仕する受託者責任を負う。間違ってはいけないのは、企業体を広くとらえた場合に、株主はその一部だということである。

もちろん、株主は企業においては重要な位置づけがなされている。それでも、株主は、取締役会が意思決定をする際に考慮しなければならない多数のステークホルダーのひとつでしかないのだ。

取締役会のこの責任については「マサチューセッツ州法人規則」にわかりやすく明記されている。これは、マサチューセッツ州が州内で法人登録した企業に向けてガイドラインを示したものだ。この規則には、取締役一人ひとりは、誠意をもって奉仕すること、適切で道理に合った判断をすること、そして「企業の最大利益だと取締役会が合理的に信じることに従って」行動することが期待されている、と記されている。何がその企業の最大利益かを決定する際には、「一人ひとりの取締役は、従業員、取引先、債権者、客、州や地方や国の経済、地域コミュニティや社会への配慮、企業や株主の長期・短期的利益、加えて、これらすべての利益が企業の継続した独立性によって最大限にもたらされる可能性も考慮するように」。

おそらく今こそ、取締役会により多くの期待を寄せるべきだ。取締役会は企業の守護者なのだから。少なくとも、そう考えるべきだろう。

三百五十店舗を持つ自然食スーパーマーケット・チェーンのホールフーズのジョン・マッケイCEOは、つねづね「ビジネスが攻撃されている」と口癖のように言っている。彼は、米国のかなりの人がビジネスは社会に有害なものだと信じていると主張する。

なかでも大企業があまりよく評価されていないことは世論調査からも明らかだと彼は言う。「一パーセンター」と呼ばれる国内の上位一%の富裕層への反発からも、多くの人々が大企業をよく思っていないことは容易に想像できる。この傾向はマサチューセッツ州において特に強いはずだ。ある調査によると、マサチューセッツ州は米国内でも所得格差が最も激しい十州のうちのひとつである（ニューハンプシャー州は二十八位）。

人々の大企業に対する思いを、では、マーケット・バスケットのケースについて考えてみよう。この抗議運動は会社との対立を生んだだろうか。

いや、答えはノーだ。それどころか、抗議した人々は会社のために戦っていると信じていた。会社をつぶすのではなく、復活させたかった。

アーサー・Tに対してはどうだろう。彼は億万長者で、米国の上位一%に属している。実際、上位一%の中でもかなり裕福なほうだ。

しかし、彼らはアーサー・Tの裕福さを攻撃しないどころか、経営者としての成功を祝福した。この抗議運動の動機は、彼らが愛した会社が奪い去られてしまう危機感だった。抗議のために団結した従業員、取引先、客は、紛れもなくビジネス賛成派だ。マーケット・バスケットの成功を容認するだけでなく、それに貢献しようとしている。マーケット・バスケットの事業の拡大は、そこに労力をつぎ込む価値があり、地域から支持を得ている証拠だと彼らは考えている。

抗議運動が始まった頃、この運動が会社の評価を落とすことになるだろうと複数の学者が指摘した。ところが、彼らの予想に反して、抗議運動が最高潮に達しても、マーケット・バスケットの評判はまったく落ちなかった。

攻撃されたのはビジネスではなく、強欲さや不誠実さだった。それらを人々は心底嫌ったのだ。ビジネスの世界では「目先の利益をむさぼる、利己的なオーナーや経営幹部」をよく目にする、とコーチャン教授は言う。それによって買物客は一セントに至るまで会社から搾り取られると感じ、自分たちの価値は金額だけで測られていると思うようになるのだと。

マーケット・バスケットの事例は、ある重要な目的に適うと確信できる会社のためならば、決然と立ち上がる人がいることを示唆する。その企業の行動が本物で、見せかけではない限り、人々が望むのは社会的責任を果たす企業の成功である。

経済を説く大半の教科書では、企業は明確な境界を持つシンプルな組織構造で描かれる。すなわち、従業員、管理職者、投資家が〝部内者〟であり、その他すべての人々が〝部外者〟だ。この両者の間に境界線があるわけだが、マーケット・バスケットは、この会社の境界線についてのこれまでの考え方に疑問を投げかけた。

マーケット・バスケットの人々は、誰が〝部内者〟で誰が〝部外者〟かについて明らかに異なる考え方をする。互いに信頼する心を持ち合うというアーサー・Tの方針に従って、企業の存在目的に完全に賛同する人々を〝部内者〟と考える。マーケット・バスケットでは採用や昇進によって部内者にされるのではなく、自らの意思で次第に部内者になっていくのだ。

多くの顧客がファミリーで何代にもわたってマーケット・バスケットで買物をし、同じ価値を共有していることを従業員たちは知っている。これら顧客も〝マーケット・バスケット一家〟の一員である。

ハーバード大で交渉リサーチ・プロジェクトを率いるロバート・ムヌーキンは、ボストンの放送局、WGBHボストンのインタビューに次のように話した。「このスーパーマーケットの顧客の多くは、自分をこの家族の一員のように感じている。この家族文化がすばらしい」。同じような意識を取引先の中にも感じる。マーケット・バスケットのバイヤーと何年も仕事し、この企業の人々と価値を共有する取引先もまた、まぎれもなくこの大家族の一員である。日々の商品配達、代金請求、その代金の支払いという一連の取引を越えた親しい関係が構築されている。地域の人々も同じようにこの企業との絆をいつも感じている。マーケット・バスケットで普段は買物しない人々でも、マーケット・バスケットで働く友人がいて、この会社が十分な給与を支払う雇用を創出していることを知っている。

学者たちは誰もが、この抗議運動の参加者が多様な人々の集まりであることに驚いた。なにしろ、従業員、経営幹部、客、取引先が一致団結し協力して戦ったのだ。本来ならば、新CEOがそれぞれのグループ間に潜在する亀裂を利用することは、たやすいはずだった。たとえば、それぞれのグループの利害が分かれる点を突いて、互いを争わせることができたはずだ。

ところが、この大家族は、長い時間をかけて築かれている。何年間も、中には数十年間かけて、その団結力は鍛え上げられた。抗議運動の際は、一人ひとりが自分の利益と同時にこの大家族のために行動した。このような結束は容易には壊れない。亀裂などほとんど見られないのだ。この結束を壊す唯一の方法は、彼らが守ろうとしている理想は間違っていると納得させること以外にはないだろう。

マーケット・バスケットで起こった出来事は、あらゆる企業への警鐘となった。

しかし、くれぐれも用心が必要である。学ぶべきことは、マーケット・バスケットのようになろうとすることではない。もちろん、マーケット・バスケットの企業文化はある意味では誰もが羨むものだが、それを真似ることは間違いだ。

よりよい企業になるには、自社らしくあることに尽きる。企業がなすべきことは、我が社は何者か、他者によりよく奉仕するにはどうするべきか、を掘り下げることだ。これは「企業目的」とも呼ばれるものであり、その目的とは、すなわち企業の存在理由を意味するものに他ならない。

あなたの組織にとっての存在理由は何か。それをとらえるには、ある種の想定実験が役に立つかもしれない。たとえば、自分自身にこういう問いかけをしてみよう。

自分が所属する組織が突然消滅したら、何が起こるか。

その前に第一、あなたの組織の消滅に世の中の誰かが気づくだろうか。

たいていの企業で、その答えは「ほとんど気づかれない」だ。人々は同じような仕事先を見つけ、買物に行く同じような店を見つけるだろう。多くの企業は、財務上はうまくいっている。しかし、その企業の存在が、人々の生活に違いを生んでいる企業は非常に少ない。他企業が真似できないという企業は本当に稀だ。

本書を読んだ後でさえ、企業目的うんぬんより、結局のところお金がものをいうのではと反論する読者もいるかもしれない。むろん、お金が強力な動機づけになることに異論はないが、それが唯一の動機ではないし、常に最も強力な動機であるとは限らない。その証拠に、ヴィクトリー・スーパーマーケットのCEOが、マーケット・バスケットの複数の従業員を何年間も引き抜こうとしていたが、失敗に終わった。この成功しなかった事実を考えてみてほしい。顧客がマーケット・バスケットの不買運動をした期間の長さを考えてみてほしい。彼らは他の店で買物することで食費がかさむことがわかっていてもなお、不買運動を決行した。同じように、マーケット・バスケットへの納品を中止することで自分たちの生活が危機に瀕した取引先についても考えてみてほしい。

投資会社のアンソニー・ジャンは、『ハーバード・ビジネス・レビュー』のブログに次のように投稿した。「大金を稼ぐのに、いくつもの方法があることがわかった。不動産、投資、ゲーム・エンターテインメント、小売、IT、そして昔ながらの遺産相続。しかし、最も興味深い(そして最も尊敬される)ビジネスや人物は、必ず、金儲けの背景に絶対に揺るがない真の目的を併せ持っている」。

本書を通してみてきたように、人々は自分自身よりも大きな何かに貢献していると思えたら、ときに進んで自己犠牲を払おうとするものだ。マーケット・バスケットのケースでは、その大きな何かとは、ニューイングランド中にいる〝マーケット・バスケット一家〟であった。

企業目的を明確にすることは、経営幹部だけの役割ではない。本書の中では、CEOを復帰させ、愛する事業を救った前代未聞の抗議運動の背景には、マーケット・バスケットの企業文化があると論じてきた。この文化は何年もかけて、経営陣たちによって育て上げられてきた。一方で、それは、従業員全員によって形づくられたものでもある。この事実を認めたら、その企業目的は取締役によって押し付けられるものではないことに気づくはずだ。企業目的は、間違いなく、その組織を大切に思う人々によって作り上げられたものなのだ。

それぞれの企業には、独自の歴史と、人々との関わり合いに基づく独自の文化と目的がある。マーケット・バスケットには独自の存在理由があるように、競合するショーズやハナフォードなどにもそれぞれの存在理由がある。市場には多数の競合各社が消費者からの注目を集めようとひしめいているにも関わらず、大半の企業は自社の存在のよりどころや存在理由を理解していない。理解をしていないがために、数多い選択肢の一つに過ぎなくなってしまうリスクを冒している。これでは、仕事に励む意味を従業員にわからせることはできないし、歓声を上げて喜ぶほどの何かを客に与えることはできないし、取引先に目指すべき目標を示すことはできない。

マーケット・バスケットのケースは、各企業に立ち止まって考えるきっかけというものをくれた。我々は誰もが、仕事に従事する理由や奉仕する対象を忘れることがあまりに多い。

なぜ仕事をし、誰に奉仕するのか――。

これらシンプルな問いにはシンプルな答えはない。しかし、それは考えてみるに値する。この問いの答えを追究しようとする勇気のある人は、よい業績をあげるだけでなく、有意義な仕事を成し遂げることによって、きっと報われるだろう。

エピローグ

騒動後、マーケット・バスケットは再びかつてのような賑わいを取り戻し繁盛している。店舗の壁からは、抗議に使ったポスターなどがすっかり撤去され、まるで何事もなかったかのようだ。二〇一四年秋には早くも新店をオープン。二〇一五年二月までに合わせて五店舗を出店した。新店は当初の予測以上の売上高を上げ、いずれも大成功を収めている。

特売商品を求める買物客が通路に溢れ、駐車場では少年たちが空のショッピングカートを押してはつかまえる遊びに興じている。どのマーケット・バスケットの光景も、抗議運動以前のままだ。

しかし、どこか雰囲気が違っている。

記憶は時間の経過につれて薄れていくかもしれないが、プライドというものはずっと消えないようだ。抗議運動に加わった人々の胸の中には、何か重要な、歴史的ですらある出来事に自分は参加したのだという誇りが今も強く残っている。自分たちが立ち上がったあの行動が、他の人々にとって勇気ある前例となり、もし必要に迫られることが生じた際には、同じような行動をとる気を起こさせるのでは……。ぜひそうしたことにつながればいいと思っている。

実際、マーケット・バスケットの抗議運動が全米規模で注目を浴びたことは、参加者たちを元気づけた。

二〇一四年十一月、労働省のトーマス・ペレス長官は全米プレスクラブでマーケット・バスケットの出来事について一時間にわたる講演を行った。「彼らは本当にアメリカ中の全国民の関心をかきたてた」と述べた。

愛する会社とその文化を救うために、従業員、顧客、取引先、議員、地域社会の人々が結束したことは、前代未聞だ。このケースは何年もビジネススクールで研究されると専門家たちは確信している。

地域でのアーサー・Tの地位は大いに変わった。彼は現在、有名になったばかりでなく、何百万人、いや何千万人に崇拝されるようになった。受取勘定担当スーパーバイザーのリンダ・クーリスは「彼はまるでロックスターよ」と言う。アーサー・Tがナシュアにある店舗を訪れたときのことをクーリスは語った。

その日、アーサー・Tは予告なく店舗を訪れた。「そうすれば、気軽に出入りできるから。でも、彼だとわかってからがもう大変。来店客に挨拶をしたり、大勢の人に求められてサインをしたりして、店の中に三時間半もいたの」。最近は「誰もがアーサー・Tに会いたがる」のだ。

抗議運動による影響は、アーサー・T以外はもっと個人的なレベルにとどまっている。

毎週金曜日に年老いた女性の買物を手助けするカーラ・フォスターのことを覚えているだろうか。フォスターはその客の名を知らなかったが、商品を見つけたり、グリーティングカードを選ぶのを手伝ったりしていた。「一週間、彼女を見かけなかったら心配になるけれど、翌週、彼女に会えたらほっとする」、そういう間柄だった。ところが、「店舗がまた稼働し始めても彼女はやってこないの。彼女に何かあったのかわからないから、胸が押しつぶされそうなの。彼女の名前を知らないし……」と目に涙を浮かべた。抗議行動のことを振り返ると、フォスターは、その女性客や彼女が奉仕する他の客たちを思い出す。

バーバラ・パケットは抗議運動前、テレビのニュース番組で危機に陥った会社のことやストライキする人々のニュースは一度見たら「二度と見なかった」が、今はそのようなニュースに注目するようになった。彼女は「今はものごとが違って見える」のだと。ストライキなどはよくある当たり前のことではないと彼女は言う。毎日のルーチンワークをしている最中でさえ、彼女は浅薄に即決することはほとんどない。彼女の決定が他人にどんな影響を及ぼすかを熟慮し、「以前よりも注意深く検討する」ようになった。マーケット・バスケットの多くの従業員のように、パケットは抗議運動で自分が果たした役割を誇りに感じている。「自分がしたことにとても満足している。毎晩よく眠れる。（事が起これば）躊躇なくまた同じことをするでしょうね」。

店長のマーク・レミューは今でも言う。「いい気分だ。僕らは本当に大健闘した。アーサー・Sが（株式を）売りたくない人物が世界に一人だけいた。それはアーサー・Tだった。その彼に売らせたのは僕たちだ」。取引先や客からも、同じような言葉を聞くことは珍しくない。

抗議運動の終盤に公開書簡を書いたボストン・スウォード&ツナ社のティム・マレーはこう言った。「あれは僕のこれまでの行動の中でも最高の行動のひとつだ」。

抗議運動に参加した人々の多くは、人生に大きな変化をもたらした経験だったと振り返る。自分が信じる何かのために立ち上がる機会はめったにない。同じように、一人の人物への信望とマーケット・バスケットへの愛によってつながったあれだけ多様な人々が、団結して勝利を勝ち取ったこともきわめて稀有なことだ。

アーサー・Tと共に解雇され、現在は顧問として会社に復帰している元重役のウィリアム・マースデンは、あの出来事を次のように総括した。

「我が社は豊かな会社だ。しかし、それは金銭面ではなく、人の面で、だ」。仲間同士や会社への信頼は、取締役などが太刀打ちできないほどの強さを彼らに与えた。「俺たちはタフな集団だ。〝敵〟側には最初の日から勝つ見込みなんかありはしなかった」。

【著者略歴】

ダニエル・コーシャン

Daniel Korschun

ドレクセル大学マーケティング学部准教授。同大学企業批評マネジメントセンター研究員。『ジャーナル・オブ・マーケティング』『アカデミー・オブ・マネジメント・レビュー』など主要ビジネス専門誌に寄稿多数。

グラント・ウェルカー

Grant Welker

マサチューセッツ州ローウェルの地元紙『ローウェル・サン』のジャーナリスト。『マーケット・バスケット』に関する100本を超える記事を執筆。

【訳者略歴】

太田美和子

おおた・みわこ

流通ライター。食品小売業を中心とした取材・執筆・講演・セミナー企画などの活動を行っている。訳書に『お客さまがまた来たくなる　ブーメランの法則』（かんき出版）、著書に『パブリックスの「奇跡」』（PHP研究所）などがある。

奇跡《きせき》のスーパーマーケット

2017年11月 7日　第1刷発行
2017年11月30日　第2刷発行

著　者　ダニエル・コーシャン
　　　　グラント・ウェルカー
訳　者　太田美和子《おおたみわこ》

発行者　手島裕明
発行所　集英社インターナショナル
　　　　〒101-0064　東京都千代田区猿楽町1-5-18
　　　　電話 03-5211-2632
発売所　株式会社 集英社
　　　　〒101-8050　東京都千代田区一ツ橋2-5-10
　　　　電話　読者係 03-3230-6080
　　　　　　　販売部 03-3230-6393（書店専用）

印刷所　大日本印刷株式会社
製本所　加藤製本株式会社

ISBN978-4-7976-7347-0　C0098